仕事ができる人の最高の時間術

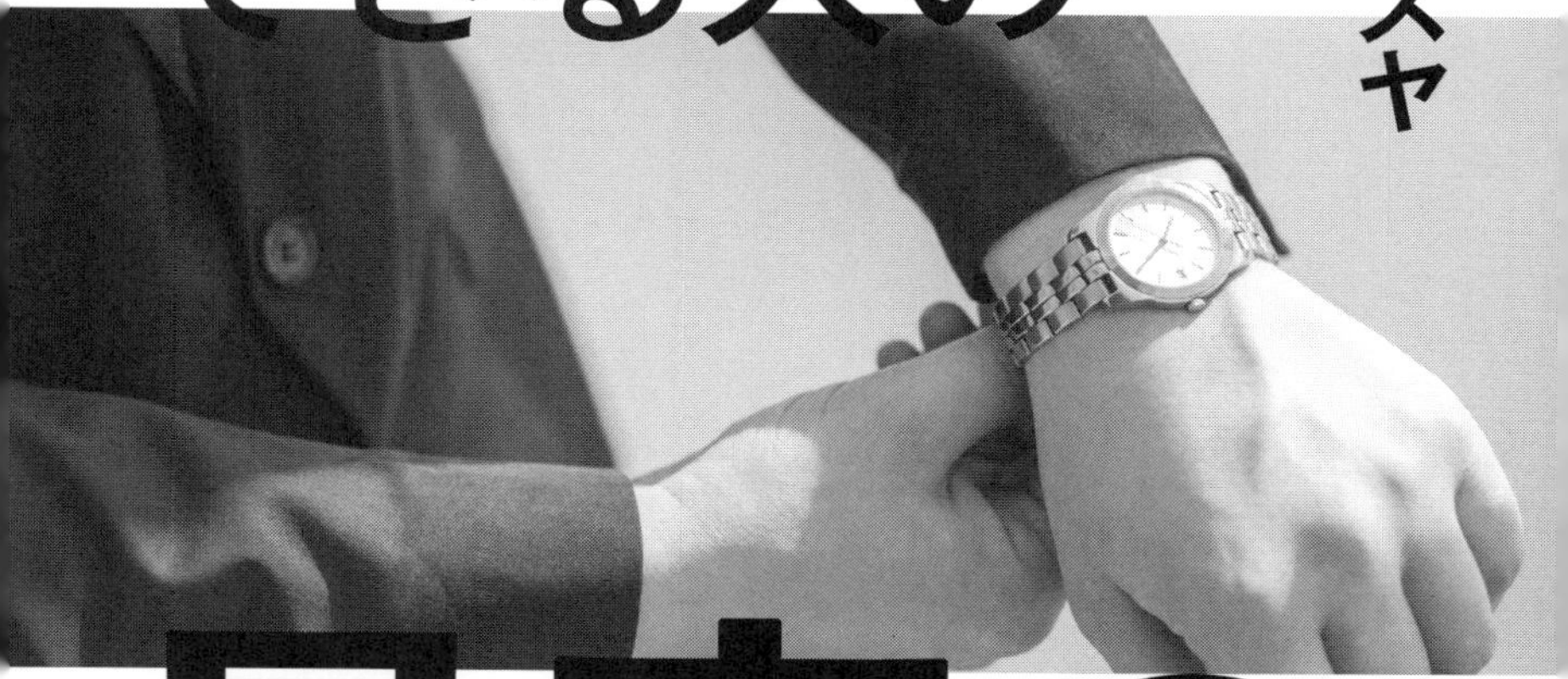

田路 カズヤ
Toji Kazuya

明日香出版社

はじめに

本書は、「時間を掛けずに結果を出す方法」について書いています。

こう述べると、「胡散臭《うさん》い」「努力せずに結果を出そうなんて考えが甘い」という感情を抱く方も多いでしょう。

ただ、私は、「楽して稼ぐ」ことを推奨しているわけではありません。むしろ、そういう生き方は私の好みではなく、「努力した」人が報われる社会であってほしいと心から願っています。


でも、現実社会では、「一生懸命やっているのに結果が出ない」ことを悩みに感じている人が多いのではないでしょうか。

本書を手に取ってくださったあなたも、そうかもしれません。


日本では、「一生懸命に努力すること」そのものが美徳とされてきましたが、あなたは結果が生まれない「一生懸命に努力すること」をこれからも続けることはできますか？

私は堪えられそうにありません。

私はこれまで、営業マン、コンサルタント、講師として、20年ほど仕事をしてきました。

リクルートのグループ会社では、いまだに破られることのない連続営業MVP記録、連続営業表彰記録を樹立しました。

独立後は、全世界3000万部突破のベストセラー『7つの習慣』で知られるフランクリン・コヴィー・ジャパン社に声を掛けていただき、認定コンサルタントを務めています。10年間で1万人以上の方に営業研修を行い、大手企業の営業顧問を務め、クライアントの業績向上に貢献してきました。

ひとりの会社員・個人事業主としては、常に最高の結果を追求してきたと自負しています。

一方で40歳を目前に全財産を失い、倒産・自己破産寸前という憂き目も味わっています。

30代で起業、事業承継をしたのですが、数十名のリストラ、取引先の倒産、投資詐欺被害という派手な失敗をしでかしました。このような経験を持つ人もなかなかいないと思います。

おかげさまでここ数年は業績が回復し、複数の経営者団体の役員や主宰者として、年間1000名以上の経営者と交流させていただくようにもなりました。

このように私は紆余曲折のビジネスマン人生を歩んできましたが、その中で成長企業の経営者や大企業のトップセールスの方々と接する機会にも恵まれました。そして彼らと話す中で、成功している人には3つの共通点があることが分かったのです。それは、

①一点集中で取り組んでいる
②とにかく始めている
③やり抜いている

です。

私たちがもともと持っているエネルギーと与えられた時間には限りがあります。与

えられている資源は全員平等です。にもかかわらず、結果に違いが生まれるのは、限られた資源を、本当に重要なことに集中して「投資」している人と、分散させて「消費」してしまっている人が存在するからです。

彼らと出会い確信したことは、結果を出している人は、決して「才能」や「センス」に長けているとは限らないということです。そして残念ながら、「努力の量」が多いとも限りません。

成功している人とそうでない人の違いは、「時間の使い方」にあったのです。

これが、本書のテーマです。

「限られた時間の中で、最高の結果を出す方法」をこれからご紹介していきます。

いまさら、小手先の時短テクニックを書くつもりはありません。

私は、20年間の社会人人生の中で、1000冊以上のビジネス書を読み、100種類以上のセミナーに参加し、3000万円以上の「投資」を自分自身にしてきました。ですから、小手先のテクニックが根本的な解決に繋がらないことは、誰よりも知っているつもりです。

本書では、

①どの仕事にも共通していること（普遍性）
②誰にでもできること（再現性）
③必ず継続できること（継続性）

の3つの観点を大切にしています。

年齢・性別・経験・職業問わず、誰でも必ず実践・継続できる「原理原則」だけを紹介していきます。

また、実践しやすくするために、あえて広く浅く書いていますので、自分の好みや持ち味に合うものを選択し、始めてみてください。本文中のワークシートは、自分や部下の行動管理ツールとしても使えます。さらに、仕事だけに限らず、勉強やダイエットなどにも応用できるメソッドなので、あなたの人生そのものを変化させることでしょう。

このタイミングで本書を手に取っていただいたことには、必ず意味があります。本書を読んでいただくこと自体、あなたの貴重な時間を割いていただくわけですから、読み終えたときに、本書に「投資」いただいたお金と時間以上の価値をお返しすることをはじめにお約束したいと思います。

田路 カズヤ

仕事ができる人の最高の時間術○もくじ

第2章 仕事ができる人の「年間スケジュールの組み方」 053

第3章 効率が良くなる「1日のスケジュールの組み方」

077

第4章 忙しいから解放される「時間の使い方」 107

第5章　時間の投資先を決める　177

第6章　「信頼性」を磨くことこそが究極の時間術

○カバーデザイン　西垂水敦・太田斐子（ｋｒｒａｎ）

第 1 章

時間に対する意識を変える

近代心理学の父と言われる米国の心理学者ウィリアム・ジェームズの言葉に、

「心（意識）が変われば行動が変わる。行動が変われば習慣が変わる。習慣が変われば人格が変わる。人格が変われば運命が変わる。運命が変われば人生が変わる」

というものがあります。これは、多くの書籍や研修で用いられている大変有名な言葉ですので、ご存知の方も多いでしょう。

つまり、**人生や仕事を成功させるためには、まずは「意識」を変えれば良い**と言っているわけです。私もこの考え方に、何の異論もありません。

そして、この考え方は「時間の使い方」という「習慣」を変える場合も同じです。「意識」を変え、「行動」を変え、「習慣」を変えるのです。

小手先の時短テクニックを紹介することは簡単なのですが、それによって変えることができることは、短期的な結果だけです。継続的に結果を出すためには、小手先のテクニックだけでは限界があります。

あるパーソナルジムのＣＭに出演し、ダイエットに成功したタレントさんたちが、ことごとくリバウンドしていることが最近話題になりました。なぜリバウンドしてしまうのか。それは、そのタレントさんの「意識」が変わっていないからです。

「ＣＭのギャラのために痩せる」という「意識」でダイエットに取り組んだ人と、「幼い息子のために健康になる」という「意識」でダイエットに取り組んだ人とでは、どちらが継続的に結果を出すかは議論するまでもないでしょう。

では、「意識」を変えるというのは、具体的にどうすれば良いのでしょうか。この答えを見つけられなければ、結局、何も変えることができません。

「意識」を変えるために最も重要なことは、自分の本能に眠っている「パッション（情熱）」や「ミッション（使命感）」を自覚することです。

私たち人間は、本能に蓋をして、理性的に生きることを強いられてきました。実際、自分の「心」の声と異なる生き方をしている人や、自分の「心」の声さえ自覚できていない人が多いように思えます。

そこで、あなたの「パッション（情熱）」や「ミッション（使命感）」を言語化することで、人生そのものの「目的」「目標」を明確にし、自分の「心」の声を自覚してみましょう。

これだけでも、あなたの「意識」は確実に変わります。

第1章では、その具体的な手順を紹介していきます。

とにかく時間管理テクニックだけをすぐに学びたいという人は、第2章からお読みください。

◎「意識」を変える6ステップ

ステップ①「寿命時間」を計算する
ステップ②「人生時給」を設定する
ステップ③「パッション」を言語化する
ステップ④「ミッション」を言語化する
ステップ⑤「ビジョン」を言語化する
ステップ⑥「主体的な仕事の目標」に変換する

ステップ①
「寿命時間」を計算する

以前、元タレントの島田紳助さんが、よしもとの芸人養成所ＮＳＣの生徒の前でこのようなことをおっしゃっていました。

「もし、若さが買えるなら１億円だって払う。だから、若いということは、ポケットに１億円持っているのと同じ。でも、使わないでいると、なくなってしまうお金なんだよ。だから、使わないいと」

お金は、貯めることもできますし、一気に増やせる可能性もあります。ですが、時間が増えることは絶対にありません。そこで、まずは、**自分に残された時間の量とその貴重さを認識することがとても大切です。**

製造業には「寿命時間」という言葉があります。

「寿命時間」とは、「装置、機器またはその部品を所定の条件で使用するとき、それらがある程度の能力を発揮することのできる期間」のことです。当然ながら、人間にも「寿命時間」は存在します。

２０４５年には、平均寿命が１００歳に到達すると言われていますが、その年齢まで自分の能力をフルに発揮することができるかというと甚《はなは》だ疑問です。そこで私は、80歳を１つの目安に考えることを推奨しています。

仮に、あなたの年齢が30歳だとしましょう。

（80歳－30歳）×３６５日×15時間＝２７３,７５０時間

これが、30歳の人に残された「寿命時間」です。どんなに効率良く生きたとしても、「睡眠時間」と「生活時間（歯磨き・トイレ・身支度など）」で最低9時間は取られてしまうと考え、１日を残りの15時間で計算しています。

では、あなたの「寿命時間」を計算してみましょう。

（80歳－現在の年齢）×３６５日×15時間＝「寿命時間」

これが、あなたに残された「寿命時間」です。

もともと私たちは、４３８、０００の寿命時間を持って生まれてきました。

すでに、意外と多くの時間を「消費」してきたことに気づかれたでしょう。

世界的に有名な経営コンサルタントの大前研一さんの言葉に、次のようなものがあります。


「人間が変わる方法は3つしかない。1つ目は時間配分を変えること。2つ目は住む場所を変えること。3つ目は付き合う人を変えること。どれか1つだけ選ぶとしたら、時間配分を変えることが最も効果的だ」

あなたも**自分の「寿命時間」を認識することで、残された「時間の使い方」を見直す機会にしてください。**「時間の使い方」を見直すということは、あなたの「命の使い方」、すなわち、あなたの「生き方」そのものを見直すことなのです。

最後に、アメリカ合衆国建国の父のひとりとして讃えられるベンジャミン・フランクリン氏の言葉を紹介します。

「人生を愛する者よ、時間を浪費してはならない。人生は時間そのものなのだから」

ステップ②
「人生時給」を設定する

教育社会学者の舞田俊彦さんが、２０１４年の厚労省「賃金構造基本統計調査」をもとに、１２９の職業の時給を算出したところ、一番高い時給はパイロットの１０３９９円でした。東京都の最低賃金は時給９３２円ですので、実に約11倍の格差があることになります。

時給ランキング上位の職業は、パイロットの他、大学教授、医師、弁護士など。当たり前ですが、就職までに多くの努力が強いられ、多くのお金と時間の「投資」が必要な職業ばかりです。

さて、あなたの時給はいくらでしょうか。「現在の人生時給」を計算してみましょう。

「現在の人生時給」＝「現在の年収」÷「現在の年間労働時間」

私が会社員だった29歳のときには年収１０００万円を超えていましたが、時給換算すると3000円たらずでした。年齢の割に稼いでいるつもりでしたが、結局、自分の時間を提供することで対価を受けとっていたに過ぎなかったのです。

そこで、私は、独立当初から「時給1万円」の仕事をすることを目先の目標にし、今はそれ以上の「人生時給」を設定できるまでになりました。

「人生時給」は、自分で設定するものです。そして、自ら高く設定することが大切です。

自分の時給を高めに設定することには、3つのメリットがあります。

まず1つ目は、**その時給をいただくために自分が何をすべきか、常に意識するようになる**ことです。「意識」が変わるので、「行動」を変えやすくなります。

2つ目は、**優先順位が明確になる**ことです。

例えば、私は家事代行サービスを利用していますが、それは、「時給1万円」であるべき私が、部屋の掃除や片づけに時間を費やすよりも、1時間3000円で掃除のプロに任せたほうが、はるかに効率的かつ効果的だと考えているからです。自分が働き、その間に掃除をしてもらえば、7000円の収入があるのと同じです。

このように考えることで、自分が何をするべきかの優先順位をつけることができます。

３つ目は、**その時給に見合った人や仕事を引き寄せることができるようになる**ことです。

「時給1万円」の仕事をする人に、「時給１０００円」の事務仕事の依頼はきませんし、きたとしても躊躇することなく断ることができます。また、私のようなコンサルタントや講師の間では、価格を高く設定したほうが、それに見合う良いクライアントがつきやすくなり、結果として良い仕事ができるというのは常識です。

近年、この「引き寄せの法則」については、脳科学の世界で立証されつつあります。イタリア・ピサ大学の科学者であるＨ・Ｗマグンとジュゼッペ・モルッチは、人間の脳幹には「網様体賦活系」という、体の生命活動を維持する役割を担っている神経細胞（ニューロン）の集まりがあることを発見しました。

『自動的に夢がかなっていく　ブレイン・プログラミング』（サンマーク出版）によると、「網様体賦活系」は「すべての情報をふるいわけ、その中からいつでも自分にとって大事なものだけを拾い上げるツール」の役割を果たしているのだそうです。そして、

「網様体賦活系」は、「私たちが信じること、考えることだけに注意を集中し、信じると決めた道へ向かうためだけの情報を集めて、それ以外の情報はすべて排除する」そうです。

つまり、「網様体賦活系」があなたにチャンスをもたらすかどうかは、あなたの「意識」次第なのです。

普段、あなたがよく接する人を5人思い浮かべてください。その5人の年収の平均があなたの年収ではありませんか。

これは有名な「ミラーニューロンの法則」というものです。

「ミラーニューロン」は、1996年にイタリアの脳科学者が発見しました。サルから発見された脳神経細胞で、別名「モノマネ細胞」「共感細胞」と言われています。サルが他の個体の行動を見ると、同じ行動を「鏡（ミラー）」に映っているかのごとく行うことから「ミラーニューロン」と名づけられました。

人間も、潜在的な意識レベルでは、周囲の人から影響を受けやすく、外見、動作、考え方などあらゆるものが似てきてしまいます。そして、結果として年収まで同じレベルになるのです。

逆手に取ると、**あなたの「理想の人生時給」で仕事をしている人の近くで過ごすことが、あなたの「人生時給」を高める最も簡単な方法だと言えます。**

では、あなたの「理想の人生時給」を設定してみましょう。

「理想の人生時給」＝「理想の年収」÷「理想の年間労働時間」

時間は「消費」するものだと思われがちですが、本来、時間は「投資」するものです。限られた「時間」でいかに大きなリターンを得るかを考えることが大切です。

これを測る指標を「ＲＯＴ（Return on Time）」と呼びます。投下した時間がどれだけの成果を生み出したのかを数値化したものです。日本語で表現すると「時間生産性」ということになります。

「ＲＯＴ（時間生産性）」＝「仕事の成果」÷「その仕事に投資した時間資本」

また、「理想の人生時給」を「現在の人生時給」で割ると、「ＲＯＴ（時間生産性）」を現在の何倍にしなければならないのかが明確になります。

まずは、「理想の人生時給」を設定できるように、自分自身の能力を磨き続けましょう。自分自身の「ROT（時間生産性）」を意識して高めていくことで、あなたの価値は最大化されます。

結果として、周囲から「仕事のできる人」という評価を獲得することができるのです。

ステップ③
「パッション」を言語化する

世論調査や人材コンサルティングを手掛ける米国ギャラップ社が、世界各国の企業を対象に実施した「従業員のエンゲージメント（仕事への熱意度）調査2016」によると、日本は「熱意あふれる社員」の割合が6％しかないそうです。世界平均の13％、米国の32％と比べて圧倒的に低く、調査した139カ国中132位と最下位クラスでした。

また、「周囲に不満をまき散らしている無気力な社員」の割合は24％、「やる気のない社員」は70％に達していました。

この熱意の源泉が「パッション（情熱）」です。自分の「パッション」に沿って生きている日本人が、いかに少ないかをご理解いただけたかと思います。

ただ、私は、日本人に「パッション」が足りないとは思いません。理性で抑えつけて、「心」の声を自覚しないようにしているだけだと思うのです。

そこで、まずはあなたの「パッション」を言語化してみたいと思います。

その最適なツールとして、「パッションテスト」をご紹介します。全米でベストセラーにもなった『心に響くことだけをやりなさい！』（フォレスト出版）の著者でもあるジャネット・アットウッド氏が開発したメソッドです。


「パッション」を言語化するメリットは、３つあります。

１つ目は、**自分のワクワクの源泉が明確になり、判断や行動に迷いがなくなる**こと。

２つ目は、**自分自身のモチベーション管理がしやすくなる**こと。

そして３つ目は、**必要な情報や仲間を引き寄せやすくなる**ことです。


では、あなたの「パッションテスト」を実際にやってみましょう。

◎あなたの「パッション」を言語化する「パッションテスト」

手順①　次の文章の空欄を埋めてください。
「理想の人生を生きているとき、私は（　　　　　　　　）である」

空欄部分には、理想の人生を生きているときに、自分が「なっていること（Be）」「しているること（Do）」「持っているもの（Have）」を10通り以上書いてください。

頭で考えるのではなく、あなたの心がワクワクするものだけを書き出します。他人からどう思われるかは関係ありません。

これまでのフロー体験（集中・没頭体験）や自分の得意なことを思い浮かべながら書き出してみてください。このとき、短い文章で簡潔に書くことと、ポジティブな肯定文で書くことを心掛けてください。

（例）〇家族といつも笑って過ごしている
〇若々しく健康的に生きている
×好きなことをして暮らしている（↑「好きなこと」を具体的に）
×ストレスのない生活をしている（↑ポジティブな表現に）

手順②　リストアップした10個以上の「パッション」を、自分にとって大切なものから順番に並び替えてください。

次の3つの手順で並び替えます。

(1) 一番上と二番目の「パッション」を比較

まず、リストの一番上の「パッション」と、上から二番目の「パッション」を比較します。その際、自分自身に対して次の質問をしてください。

「どちらのパッションを生きているほうが気持ちいいですか」

「どちらかしか生きられないとしたら、どちらを選びますか」

もちろん、実際の人生では両方の「パッション」を選ぶことも可能ですが、片方しか選べない設定にすることで、自分にとってより大切なものに気づきやすくなります。

(2) 上から順番に「パッション」を比較

この手順で、リストの上から順番に「パッション」を比較していきます。

例えば、リストの一番上の「パッション①」と上から二番目の「パッション②」を比較して、②を選んだ場合、今度は、②と上から三番目の「パッション③」を比較します。このときまた②を選んだ場合は、②と上から四番目の「パッション④」を比較します。

このように、自分が選んだパッションと、リストの次のパッションを常に比較していきます。

リストの最後までいったら、自分が最終的に選んだ「パッション」に「ナンバー1」と記入してください。これが現在のあなたにとって一番大切な「パッション」です。

(3)「ナンバー1」の「パッション」を除外して比較

次は、二番目に大切な「パッション」を明確にするために、またリストの一番上から順番に比較していきます。今度は、先程、「ナンバー1」と記した「パッション」は除外して、比較するようにしてください。

リストの最後までいったら、最終的に選んだ「パッション」に「ナンバー2」と記入します。同様にして「ナンバー3」「ナンバー4」「ナンバー5」まで進めてください。

(例) ナンバー1 パッション　家族といつも笑って過ごしている
ナンバー2 パッション　若々しく健康的に生きている
ナンバー3 パッション　毎年1冊の本を出版している
ナンバー4 パッション　講演・研修依頼が殺到している
ナンバー5 パッション　好きな場所（東京・福岡・ハワイ）で仕事している

ステップ④
「ミッション」を言語化する

先日、テレビ番組で、共演者から不意に「夢ってあるんですか」と尋ねられたダウンタウンの松本人志さんが、次のように答えていました。

「ホント言って良いですか？　死んだときに、お葬式にすっげぇいっぱい芸人にきてほしい。芸人というかタレントさんというか、芸能人の人たちに。あの人もこの人も。それを上から見て『ああ、あの人もきてくれた、あの人もきてくれた』って」

そして、その理由については、「ウチの娘とかに、『あ、パパって割とすごかったんや』って思われたいからだ」と答えていました。

また、２０００年に放送されたドラマ『伝説の教師』では、生徒から「人間は何のために生きてるんですか」と尋ねられた先生役の松本さんは、このように答えています。

「笑うためや。人間に許された唯一の特権は笑うことや。笑いながら生きるというのが人間としての証なんや。笑いながら逝かれへんかったら何の意味もないんじゃ。そうやって眉間にシワ寄せて苦しみながら死にたかったら勝手にせえ！」

アドリブの多いドラマでしたので、このセリフも松本さんの本音が含まれているのではないかと思います。

このような**「生き方に関する個人の信条」が「ミッション（使命感）」です。**「命の使い道」と書いて「使命」ですので、「使命」とは「生き方」そのものとも言えます。そして、その「ミッション」を明文化したものを「ミッション・ステートメント」と呼びます。

『7つの習慣　成功には原則があった！』（キングベアー出版）の著者であるスティーブン・R・コヴィー博士は、「ミッション・ステートメント」について次のように述べています。

「目的を持って始める最も簡単で大きな効果をもたらす方法の1つは、『ミッション・ステートメント』を書くことである。その中で自分はどうなりたいのか、何をしたいのか、そして、自分の行動の基礎となる価値観や原則を明らかにするのだ」

自分の「ミッション・ステートメント」を考える上では、「死生観」を持つことが非常に大きなヒントになります。「死生観」とは、死を通して、生き方、生き様を決める考え方のことです。

ここで「死生観」に基づき、自分の「ミッション」に生きた、アップル創業者スティーブ・ジョブズ氏の有名なスピーチを紹介します。

『私は17歳のとき、こんな感じの言葉を本で読みました。

「毎日を人生最後の日だと思って生きてみなさい。そうすればいつかあなたが正しいと分かるはずです」

これには強烈な印象を受けました。それから33年間、毎朝私は鏡に映る自分に問い掛けてきました。

「もし今日が自分の人生最後の日だしたら、今日やる予定のことは、私が本当にやりたいことだろうか？」

それに対する答えが「ノー」の日が何日も続くと、私は「何かを変える必要がある」と自覚するわけです』

◎あなたの「ミッション」を言語化する「ミッションテスト」

では、あなたの「ミッション」を言語化してみましょう。

私が独自に「ミッションテスト」と名づけた、次の3つの質問に回答してください。

今のあなたの状況をふまえずに、あなたの『心』の声に従って回答するようにしてください。

質問①あなたのお葬式が行われることになりました。「誰に」きてもらい、「どのような言葉を」掛けられたいですか？

質問②あなたは、医師から余命1年の宣告を受けました。残りの1年間を「誰と」「どのように」過ごしますか？

質問③あなたは、10億円という想定外に大きな遺産を手に入れました。残りの人生の時間とお金を「誰のために」「どのように」使いますか？

最後に、この3つの質問に対する回答をヒントに、共通するキーワードをピックアップし、「私の使命は（　　　　　　　　）である」という文章を作成してみてください。

（例）○私の使命は、生き生きと働く大人をひとりでも多く増やすことである
○私の使命は、家族の幸せを最優先することである
×私の使命は、健康的に生きることである（←「誰かのために」という観点がなく、「パッション」と同じになるため）

ここで恥ずかしながら、私自身の「ミッション・ステートメント」ができるまでのストーリーをご紹介します。

私は、これまでに死にかけた経験があるため、幸か不幸か、「ミッション・ステートメント」は強固なものになっています。

自分の死の危機に直面したのは、29歳のときです。

モルディブを旅行中、インド洋スマトラ沖地震による大津波に被災しました。突然、

水上コテージごと高波に飲み込まれ、私は、1分近く呼吸ができない状態に陥りました。海水の中で、これまでの人生の思い出が走馬灯のように駆け巡り、死を覚悟しました。

「自分はまだ何も成し遂げていない。やっぱり生きたい！」

意識が薄れる中で、最後にそう我に返った私は、力を振り絞り、なんとか海面から顔を出すことができました。そのあともさらに流され続けたのですが、さまざまな奇跡が重なり、最終的にはホテルのスタッフの方々が、命を張って手を差し伸べてくれたおかげで、私は生還することができました。

はっきりと覚えていることは、私を助けようとすることで、そのスタッフさんたちも津波に飲み込まれてもおかしくない状況だったということです。

ホテルのゲストとはいえ、見ず知らずの日本人のために、何の躊躇することなく命を投げ出すことができる彼らの生き様を目の当たりにして、私はそれまでの自分の生き方を恥ずかしく思うようになりました。

当時の私は、「32歳になったら起業独立したい」「コンサルタントとして有名になりたい」「とにかく成功したい」と、漠然とした夢を抱えていました。

ただ、この被災体験の少し前に、尊敬する当時の上司から「なぜ起業したいのか」と不意に尋ねられたとき、その質問にすら答えることのできない私がいました。当時の私には「ミッション」がなかったのです。

ですが、モルディブでの被災体験により、「この生かされた命を自分の私利私欲のためだけに使うような人生は歩みたくない」と心から思うようになりました。「私の仕事の成果が、巡り巡って、私を助けてくれたモルディブの人たちに還元されるような大きな仕事ができるビジネスパーソンになりたい」と、心から思うようになったのです。

でも、当時29歳だった私が、すぐに提供できる価値は限られます。考えた結果、当時の私が自信を持って提供できる価値は2つでした。

1つ目は「営業担当として、本当に価値あるモノだけをお客様に提供し、お客様のビジネスを成功させること」、2つ目は「自分の営業ノウハウを人に教えることで、営業という仕事に誇りを持ち、社会貢献できる営業を増やすこと」です。

そこで、「ミッション・ステートメント」には、このように書きました。

「私の使命は、日本社会に誇り高き営業を増やし、営業のプレゼンス（存在価値）を高めることである」

私は、この「ミッション」を自覚してから、営業としての姿勢・行動のすべてが変わりました。「本当に価値あるモノしか提供しない」という営業姿勢でお客様と向き合うことが信頼の獲得に繋がり、お客様が勝手に別のお客様を紹介してくださるようになりました。その結果として、前人未到の営業記録を打ち立てることができたのです。

そして、その3年後、「株式会社プレゼンス」を設立しました。

あなたがこの一度きりの人生で、成し遂げたいことは何ですか？

ステップ⑤

「ビジョン」を言語化する

「パッション（情熱）」と「ミッション（使命感）」をもとに、あなたの人生の「未来イメージ」を具体的に描いてみましょう。この人生の「未来イメージ」のことを「ビジョン」と呼びます。

「ビジョン」は、「あなた自身の未来イメージ（My Vision）」と「あなたが影響を及ぼす家庭・会社・社会などの未来イメージ（Our Vision）」の2つに分けて描くと、言語化しやすくなります。

大切なポイントは、頭で考えて「書く」のではなく、心でワクワクするものを「描く」というところです。

「ビジョン」は、「7年後」の「未来イメージ」を描いて言語化することをおススメしています。「7年後」に設定している理由は、それほど遠い未来でもないので具体的にイメージしやすい上に、何かを成し遂げる上で十分な期間でもあるためです。

『思考は現実化する』の著者ナポレオン・ヒル博士は、アンドリュー・カーネギー、トーマス・エジソン、ヘンリー・フォードなど、アメリカの大富豪やトップクラスの経営者にインタビューし、成功者の原理原則を発見しました。それは、**自分がイメージする未来を信じて疑わなかった、**ということです。

「人間が想像できるものは、必ず実現できる」と言われるように、この１００年間に、人間はイメージすることによって、それまでの人類の歴史の中で成し遂げてきた以上のものを実現してきました。

まずは具体的な「未来イメージ」を描き、「ビジョン」を自覚することが大切です。「どのように実現するか」はあとで考えれば良いのです。

現時点での私の「ビジョン」は、次のように掲げています。

My Vision

「好きなときに　好きな場所で　好きな仲間と一緒に　好きな仕事を　好きな顧客に対して　好きなだけ行っている」

Our Vision

「年収1200万円稼げる人材を100万人育成・輩出し、日本社会に貢献している」

このように、あなたの「パッション（情熱）」をもとに「My Vison」を描き、「ミッション（使命感）」をもとに「Our Vision」を描くことで、あなたのイメージがより具体的になったはずです。これがあなたの「意識」を変える第一歩になるのです。

これらを常に意識し続けられるよう、あなたの目に留まりやすい場所に掲示しましょう。パソコンの壁紙やスマートフォンの待ち受け画面などに掲示し、いつでも読み返すことができる状態をつくることをおススメします。

「パッション」「ミッション」「ビジョン」を潜在意識にまで埋め込むことで、必要な「アクション（行動）」を選択し、継続実践することができるようになるのです。

「パッション」×「ミッション」×「ビジョン」↓「アクション」

ステップ⑥
「主体的な仕事の目標」に変換する

では最後に、あなたの現実の仕事に目を向けてみましょう。

現在のあなたは、「会社から与えられた仕事」の中で、「会社から課された目標」を追いかけている状態かもしれません。でも、その状態が続くと、心身ともに疲弊し、「ROT（時間生産性）」を高める上で必ず障壁になります。

このステップでは、その障壁を取り除くために必要な「心」の在り方をご紹介します。それが、会社から課された「仕事の目標」を「主体的な仕事の目標」に変換する「ジョブ・クラフティング」の考え方です。

「ジョブ・クラフティング」とは、個々の従業員が、仕事に対する認知や行動を自ら主体的に修正し、再定義することです。**「退屈な仕事」や「やらされ仕事」と捉えていた仕事を「やりがいのある仕事」に変容させる**手法です。

「ジョブ・クラフティング」の理論は、米イェール大学経営大学院で組織行動論を研究するエイミー・レズネスキー准教授とミシガン大学のジェーン・E・ダットン教授により提唱されました。

この理論を応用して、次の4つの手順で、あなたの仕事と目標に意味づけを行います。

(1) あなたの「仕事内容」と「仕事の目標」をリストアップします。

(2) その中で、あなたの「パッション」「ミッション」「ビジョン」の実現に繋がる「仕事の内容」・「仕事の目標」に星印(☆)をつけます。

(3) 星印(☆)のつかなかった「仕事の内容」・「仕事の目標」について、仕事の範囲を広げたり、やり方を見直すことで、あなたの「パッション」「ミッション」「ビジョン」の実現に繋げられないか考えます。

(4) あなたの「仕事の内容」・「仕事の目標」に意味づけを行い、主体的な表現に書き換えます。

(例) 「仕事の内容」を「主体的な仕事の内容」にする

「新規開拓営業」→「本当に価値のあるサービスとお客様を繋げて、お客様を成功させる仕事」

(例)「仕事の目標」を「主体的な仕事の目標」にする
「月間売上目標500万円」→「多くのお客様から感謝されていることを証明する目標」

経営学の第一人者として知られるピーター・ドラッカー博士による有名なたとえ話をご紹介します。

ある日、石工たちがレンガを積んでいる光景を目にしたドラッカー博士が、３人の石工に対して別々に「あなたは何をしているのですか」と尋ねました。

ひとり目の石工は「見れば分かるだろ。レンガを積んでいるんだよ」と答え、２人目は「大きな壁をつくる仕事をしているんだ」と答えましたが、３人目の石工は「国で一番の教会を建てているんだ」と答えました。

後日談として、４人目の石工は「私は、皆の心の拠り所をつくっているんだ」と答えたという話もあります。

同じ仕事に携わっていても、ただ「レンガを積んでいる」と思いながら仕事している人と、「皆の心の拠り所をつくる」という自分の「ミッション」を意識して仕事できている人とでは、どちらがより多くのやりがいや充実感を得ているかは明らかでしょう。そして、仕事の成果もそれに比例することは間違いありません。

会社が「やりがいのある仕事」や「面白い仕事」を用意してくれることは絶対にありません。そこにある真実は、あなたがその仕事を「やりがいがある」「面白い」と感じるかどうか次第だということだけなのです。

つまり、あなたの「意識」が変わらない限り、あなたが「やりがいのある」「面白い」仕事に巡り合うことはないのです。

「ミッション」や「ビジョン」については、志の高いことや影響力の大きなことを書かなければならないという強迫観念が湧くかもしれませんが、その必要はありません。

私自身、津波で被災し、救助されたあと、それを実感する出来事がありました。モルディブの首都マレで3日間ほど避難生活を強いられたのですが、マレの人々がなぜか日本人である私に対して特別に親切にしてくれるように感じたのです。

ある日、「なぜ、私にそれほど親切にしてくれるのか」と尋ねると、彼らはこのように言いました。

「俺たちは、日本がつくってくれた防波堤に助けられたんだ。あの防波堤がなければ、マレも俺たちもダメだったかもしれない。だから日本人に親切にするのは当たり前なんだ」

マレ島は、海抜が1・5メートル程度で平坦な地形のため高波の被害を受けやすく、過去に浸水の被害を繰り返し受けていました。島の3分の2が水に浸かりながらも、日本政府の援助（ＯＤＡ）によりつくられた、島をぐるりと囲む防波堤のおかげで、ひとりの死者も出さずに済んだのでした。

この津波以降、日本政府はさらにモルディブへの復興支援に尽力しました。モルディブ国民の８割以上が日本のＯＤＡを認識し、感謝していると報告されています。結果、２０１１年の東日本大震災で日本が被災した際には、官民挙げての募金・支援キャンペーンが行われ、多くの義捐金とツナ缶約69万個が被災地に届けられたのでした。

このように、あなたの仕事の本当の意味や価値は、巡り巡って後々分かるものかもしれません。大切なことは、自らそれを意味づけるということです。

あなたの「仕事内容」と「仕事の目標」を再定義し、主体的なものに変換してみましょう。あなたの仕事の目標は「ノルマ」ではなく、あなたの「パッション」「ミッション」「ビジョン」を実現するための1つの手段なのです。

最後に、「意識」を変える6つのステップを振り返りながら、次ページの「目標達成コンパスシート」を埋めてみましょう。あなたの現在地と目指す方向性を常に指し示す「心」のコンパス（方位磁針）となるよう、この名前にしました。

このシートを埋め終わったとき、あなたは「心」のコンパスを手に入れ、「ROT（時間生産性）」を高める旅の第一歩を踏み出すことができるのです。

目標達成コンパスシート

氏名		年齢		ステップ①余命時間		時間

ステップ②-a. 人生時給

現在の年収は		円	現在の年間労働時間は		時間
現在の人生時給は		円			

ステップ②-b. 理想の人生時給

理想の年収は		円	理想の年間労働時間は		時間
理想の人生時給は		円	ROT（時間生産性）を現在の		倍にする

ステップ③パッション（情熱） 「理想の人生を歩んでいるとき、私は○○である」		ステップ⑤ビジョン　My Vision （7 年後の未来イメージ）
NO. 1		
NO. 2		
NO. 3		
NO. 4		
NO. 5		

ステップ④ミッション（使命感） 「私の使命は○○である」		ステップ⑤ビジョン　Our Vision （7 年後の未来イメージ）
1		
2		
3		

	ステップ⑥-a. 仕事の目標	ステップ⑥-b. 主体的な仕事の目標
1		
2		
3		

※このシートはダウンロードができます。詳しくは 230 ページをご覧ください。

第2章

仕事ができる人の「年間スケジュールの組み方」

本章では、あなたの「スケジュールの組み方」を変えることで、仕事のできる人の「習慣」に変える方法を紹介します。

「習慣」という言葉を辞書で引くと、「長い間繰り返し行われていて、そうすることが決まりのようになっている事柄。また、繰り返し行うこと」（三省堂 大辞林）と定義されています。私は、これをシンプルに「これまでの自分がつくった居心地の良い場所」という風に定義しています。

人は、この居心地の良い場所から離れて、変化することを恐れます。「習慣」を変えることに、抵抗感のない人はいないでしょう。

ただ、1つ言えることは、**居心地の悪いところにしか成長はない**ということです。

ここで、「1・01と0・99の法則」をご紹介します。「1・01」は、「1」より僅かだけ大きい。「0・99」は「1」よりも僅かだけ小さい。その差はたった「0・02（2％）」しかありません。でも、この2つをそれぞれ365回掛けると、

1・01の365乗 ≒ 37・78

0・99の365乗 ≒ 0・026

と、ここまで大きな差が生まれます。

これは、毎日101％の力で仕事をした人と、毎日99％の力で仕事をした人とでは、365日後（1年後）の成長や成果にとてつもなく大きな差が生まれる、ということを端的に表現したものです。

この法則は、楽天の三木谷社長の著書『成功のコンセプト』（幻冬舎）で紹介されたことでも有名になりました。

MLBで活躍するイチロー選手は、MLBシーズン最多安打記録を更新した際、

「小さいことを積み重ねるのが、とんでもないところへ行くただ1つの道だ」

と語りました。また、イチロー選手は、これまでの人生で一番誇れることとして、高校時代に毎日行った10分間の素振りを挙げています。

「1年365日、これを3年間続けたことで、たった10分間がすごい時間に感じられ、

誰よりも継続したことで強い気持ちが持てるようになった」

これがまさに、小さな「習慣」が生み出す大きな違いです。習慣は、成果に違いを生み出すだけでなく、揺ぎない自信も生み出すのです。

以前、タレントの武田鉄矢さんがテレビでこのようなことを言っていました。

「明日の自分を励ましてくれるのは、今日までの自分しかいない。頑張った過去が自信となって、苦しいときに自分のそばにいて励まし続けてくれる」

自分に自信を持たせ、励まし続ける存在は、自分しかいません。「習慣化」が自信を生み出し、自信が「習慣化」を助けるのです。

この**「習慣」を変えるためには、まず、あなたの「スケジュールの組み方」を変える必要があります。**具体的には、1年単位（もしくは最低でも半年単位）での「スケジュールの組み方」を変えることがその第一歩になります。

その上で、週単位や1日単位での「スケジュールの組み方」（第3章）と「時間の使い方」（第4章）を見直していきます。

あなたのスケジュール帳を開いてみてください。どれくらい先の予定まで記入されているでしょうか。

私のスケジュール帳は、常に1年以上先まで記入されています。これは経営者になってからの「習慣」ではなく、会社員時代からずっと継続している「習慣」です。自分の人生を自分の好きなように歩んでいくためには、必要不可欠な「習慣」だと思っています。

仕事ができる人の「スケジュールの組み方」には、押さえておきたいルールがあります。

まずは、あなたの「スケジュールの組み方」について、一緒に見直してみましょう。

ルール①

目標は高く、達成期日は前倒しで設定する

自ら目標を高く設定し、達成期日も前倒しして設定しておくことは、「スケジュールの組み方」を考える上で大前提となるルールです。

すべてが予定通りに進むことはまずありません。そこで、あらかじめ「バッファ」を設けておくことが重要です。

もともと、「バッファ」は「一時的に情報を保存する領域」という意味で使われていたIT用語ですが、近年、仕事の場面では、「余裕を持たせたスケジュール」のことを呼ぶようになりました。

あえて自ら厳しく設定した「目標」の達成に向けて、逆算して予定を入れることで、この「バッファ」を意図的に設けます。

やっていることが予定通りに遂行できなかったとしても、リカバリーできるようにリスクヘッジしておくのです。私は、腕時計の針をわざと5分間進めているのですが、

発想はこれと同じです。

また、この目標を**周囲に公言することも重要です。**

テレビ朝日系で放送されているテレビ番組『アメトーーク』の人気企画に、「勉強大好き芸人」という企画があります。先日の特番でも、高学歴芸人がどのような「目的」と「目標」を持ち、どのような「戦略」「戦術」で受験勉強を行ってきたかが生々しく語られていました。

余談ですが、高校時代までの私もまさにこういうタイプでした。その番組を観ていて、私の「仕事の進め方」や「時間の使い方」は、受験勉強によって培われたものだということに気づきました。実際、効率的かつ効果的な「受験勉強の方法」と「仕事の進め方」は、「時間の使い方」という意味では原理原則が同じでした。

例えば、「勉強大好き芸人」の代表格であるオリエンタルラジオの中田敦彦さんは、友だちから志望校を聞かれたとき、「超難関大学しか受けない」と答えていたそうです。そのことによって自分を追い込み、不退転の決意に変えていったそうです。

「東京大学合格」を「目標」にして勉強していた人は、「早稲田大学」や「慶応大学」に入れる可能性もありますが、無難に「偏差値50の大学合格」を「目標」にしている人が、「東京大学」に入ることは絶対にありません。むしろ、「偏差値50の大学」すら合格できないかもしれません。これと原理は同じです。

思い返せば、営業マン時代の私も、周囲に「退職するまで表彰台に上がり続ける」という「目標」を周囲に公言していました。そして自ら、**会社から与えられた売上目標の1・5倍の数字を「目標」に掲げ、さらにそれを2週間早めて達成する「目標達成シナリオ」を描いていました。**

自己管理に自信のない人は特に、自分を追い込んでみることも1つの方法として有効でしょう。

ルール②
「戦略」と「戦術」を考え抜く時間を確保する

詳しくは第5章で説明しますが、「戦略」「戦術」を考え抜く時間は、期初の１週間に確保しておくようにします。

営業マン時代、上期（4月-9月）、下期（10月-翌年3月）の目標達成を目指していた私は、4月の1週目と10月の1週目をその時間に充てるようにし、外出が必要なアポイントはできる限り入れないようにしていました。

担当することになったクライアントの過去3年間の取引実績を徹底的に把握することに、時間を「投資」したのです。

具体的には、クライアント別・月別・商品別の売上実績を徹底的に把握しました。その上で、「どうやったら達成できるか」を徹底的に考え抜き、あとは実行するだけという状態をつくりました。

そうすることで、半年間、迷いなく立ち止まることなく駆け抜けることができ、結果的に前人未到の営業記録を打ち立てることができたのです。

これは、営業職以外の仕事でも同じです。

「考える前に動く」もしくは「考えながら動く」ことを推奨する考え方もありますが、それは普段から考えている人に許された特権だと思います。

成功している経営者は、遊んでいても仕事に結びつけて考えますし、売れる営業マンも常にアンテナを張り、常に仕事のことを考えているものです。そのような人たちだからこそ、「考える前に動く」ことや「考えながら動く」ことがうまくいくだけで、**大多数の人には「考え抜いてから動く」という「習慣」が必要だ**と考えています。

もちろん「考えるだけで何も行動に移さない」ことが、最もムダな「時間の使い方」であることは言うまでもありません。

考え抜いた「戦略」「戦術」を「行動」に移し、狙った通りの結果を生み出すという「狙って落とす」成功体験を積み上げることは、とても大切なプロセスです。

なぜなら、「狙って落とす」ことができるというプロセスは、あなたの「戦略」と「戦術」が効果性と再現性の高いものであることを証明し、あなたの自信になるからです。

イチロー選手は、過去にこのようなコメントをしています。

「どうやってヒットを打ったのかが問題です。たまたま出たヒットでは、何も得られません」

「僕は天才ではありません。なぜかというと自分が、どうしてヒットを打てるかを説明できるからです」

結果を出し続けてきたイチロー選手は、ただがむしゃらに練習してきただけではありません。誰よりも考え抜いた上で、誰よりも練習し、誰よりも自分を分析し、誰よりも改善し続けるという「習慣」をつくり上げたからこそ、誰にもできない結果を出すことができたのです。

ルール③

8割の成果を生み出す2割の時間を確保する

さまざまな事象に対して経済学者がよく用いる「80対20の法則（パレートの法則）」は、**「80％の結果は、20％の原因から生まれる」**という法則です。実際、営業部の売上の80％は、20％のクライアントから生み出されています。

それはまた、「時間の使い方」にも当てはまります。

あなたが仕事で結果を出す際に、最大の価値を生み出している20％の時間があるはずです。それがどのようなことに「投資」した時間なのかを客観的に分析し、意識することが大切です。

営業マン時代の私は、担当することになったクライアントのことを期初に徹底的に調べ上げ、「戦略」を考え抜きました。

当時の私の売上の8割も、やはり2割のクライアントにより構成されていました。

つまり、この2割のクライアントが、私の売上を支えてくれている優先すべきクライアントということになります。

そこで、「それらのお客様に加え、業種や規模をふまえ、その２割に入る見込みがあると判断したクライアントを優先して予定を入れていく」という戦略を立て実行していました。

私の行動量（顧客訪問件数）は営業部内でも最下位レベルだったのですが、常にトップクラスの成績を残し続けることができたのは、この「戦略」のおかげなのです。

『仕事ができる人の最高の時間術』という書籍の著者がこのようなことを書くのはどうかと思いますが、正直言って、これまでの仕事人生の中で、私のことを「仕事ができる人だ」と高く評価してくれている人は多くないかもしれません。

なぜなら私は、**絶対に結果を出さなければならない20％の仕事でしか本気を出さないからです。残りの80％の業務については、いかに楽をするかということだけを考えて、仕事をしてきました。**ですから、「仕事ができる人」というより「要領の良い人」という印象のほうが強いかもしれません。

でも、それこそが最高の仕事術の秘訣だと思うのです。

楽をすることは決して悪ではありません。あなたが本当に優先すべきことに時間を「投資」するための重要な「戦略」の1つなのです。

あなたの仕事において、結果に大きな影響を与える「顧客」や「仲間」は誰ですか。そして、結果に大きな影響を及ぼす「行動」は何ですか。

それらに対して優先的に時間を投資する「スケジュールの組み方」を選択することができれば、8割の成功は間違いありません。

ルール④
１年間の予定を逆算して組む

前述した「勉強大好き芸人」のひとりでもあるロザンの宇治原さんは、高校生のときに「京都大学入学」という「目標」を掲げました。実際には、「芸人になって売れること」が「目的」で、そのキャラを際立たせるための「戦略」として「京都大学入学」を選択したそうです。

高校3年生のとき、宇治原さんは、受験勉強について、次のような年間スケジュールを立てたそうです。

4月〜6月　暗記
7月〜8月　基本問題
9月〜10月　応用問題
11月〜　過去問題

4月から8月までは、暗記と基本問題にしか取り組んでいなかったので、夏場の模擬試験ではC～D判定しか出なかったそうです。それでも焦らずに、暗記と基本問題を続けたところ、応用問題や過去問題に取り組み始めた9月以降、急激に成績が伸びたそうです。

このように**小さな努力の積み重ねが、急激に大きな変化を生み出す分岐点のことを「ティッピング・ポイント」と言います。**

多くの人は、この「ティッピング・ポイント」を迎える前に、「結果が出ない」「これをやっていても意味がない」とやめてしまいます。

ダイエットでも、最初は痩せにくかったのに、ある体重を下回った途端に、急激に体重が減り始めるということがありますが、それが「ティッピング・ポイント」です。

宇治原さんは、「目的」「目標」「戦略」が明確だったため、ブレずに「ティッピング・ポイント」を越えるまで継続することができたのでしょう。

営業マン時代の私の目標達成の考え方も、まさにこれと同じでした。

前述の通り、期初の1週間で、徹底的に「戦略」を固めることに時間を「投資」しました。

例えば、「A社は12月決算だから、10月中に優先的に営業をしておこう」「B社は毎年4月に大規模な新人研修を任せてくれているから、年内に受注できるように10月から仕掛けておこう」という風に、過去の取引実績やクライアントの決算時期等をふまえて「戦略」を決めていきます。

その上で、【半年間↓3ヶ月間↓1ヶ月】という風に、逆算して予定を組んでいくようにしました。

目の前のことを一生懸命やるのはアタリマエです。戦略な「スケジュールの組み方」が結果に大きな違いを生むのです。

ルール⑤
定例業務・恒例行事のスケジュールを確保する

1年間のスケジュール帳に、毎年、私が最初に書き込む予定があります。それは「家族と過ごす9日間の夏休み」です。

私のナンバー1パッションは、「家族といつも笑って過ごしている」（33ページ参照）ですので、最初にこれを実現するための予定を確保します。私の妻も仕事をしていますので、尚更、予定を確保しておく必要があります。

また、**仕事上避けられない、会社に決められている定例業務・定例会議などがあれば、その予定も最初に入れてしまいましょう。**これらは「制約条件」となります。あなたが変更させることのできない予定であれば、それを前提にした「スケジュールの組み方」を選択するしかありません。

最初に、最低半年分のこれらの予定をスケジュール帳に記入してしまいましょう。

ルール⑥
心技体を磨く時間を確保する

次に、「心技体」を磨く時間を確保しましょう。
「心技体」は次のように定義しています。

「心」を磨く……メンタルを鍛えること、気分をリフレッシュする行動
「技」を磨く……知識やスキルを身につける行動
「体」を磨く……美容・健康に気を遣う行動

「心技体」を磨くことは、あなたが仕事で結果を出す上での大前提の条件です。これらは重要であるにもかかわらず後回しになりがちです。**「やれたら良いな」「時間ができたらやりたい」という考えでは、絶対に「行動」に移すことができません。**
そこで、「心技体」を磨くための時間を先に確保してしまうことが大切です。

例えば、私の場合は、「平日夜」と「休日」を「心技体」を磨く時間に充て、スケジュール帳には次のような予定を、最低半年分入れています。

「心」

・週1回、子供と遊びに出掛ける予定
・週1回、書道教室に行く予定
・月1回、阪神タイガースの応援に行く予定
・隔月1回、お笑いライブを観に行く予定

「技」

・週1冊、ビジネス書を読む予定
・週1回、ブログ・メルマガを書く予定
・月1回、外部研修を受講する予定

「体」

・月2回、ストレッチジムに行く予定

・月2回、エステに行く予定
・3ヶ月に1回、歯医者に行く予定
・年1回、人間ドックに行く予定

こういった**「心技体」を磨く時間を確保した上で、仕事のための時間をやりくりして確保することが、効果的な「スケジュールの組み方」**だと考えています。

一方、「心技体」を磨く時間は、必ずしもまとめて確保する必要はありません。例えば、「ビジネス書を読む」「英語を勉強する」などは、「通勤時間」や「移動時間」などの「隙間時間」に行うこともできます。

前述した「勉強大好き芸人」のオリエンタルラジオの中田さんは、場所を選ばずちょこちょこ勉強することを推奨していました。

例えば、洗面所や風呂場に英単語や歴史年号など暗記科目の資料を貼っておき、「歯磨きや入浴の時間」には、それらを見ながら暗記勉強をしていたそうです。また、「移動時間」にリスニング対策をしたり、「休み時間」に友達と小テストを出し合ったりなど、さまざまな「隙間時間」の活用法を紹介していました。

これらはすべて「心技体」を磨くことにも応用できます。

「隙間時間」を活用することは、仕事ができるようになるために必要不可欠なポイントなのです。

一方、「心技体」を磨くことや「隙間時間」を活用することの対極にある「時間の使い方」が「喫煙時間」です。

1回のタバコ休憩の時間は、社内に喫煙ルームがある場合でも、移動時間を含めて20分前後と言われています。勤務時間中に1日3本のタバコを吸うことを仮定すると、1日60分間のムダな時間が消費されていることになります。1週間で300分間（5時間）、1ヶ月で1320分間（22時間）のムダな時間が消費されているのです。

何より、タバコを吸うことによるメリットは、何1つありません。

実際、私は、これまで多くのトップセールスマンにお会いしてきましたが、ヘビースモーカーのトップセールスマンにお会いした記憶がありません。

「時間の使い方」や「命の使い方」に対する意識の高い人にヘビースモーカーなどいないのです。

また、**「技」を磨くためのインプットを行う際には、必ずアウトプットすることを前提に行いましょう。**

『サイエンス』誌（２００８年2月15日号）によると、米パデュー大学のカーピック博士が、「インプットを繰り返すよりも、アウトプットを繰り返すほうが、脳回路への情報の定着が良い」という研究結果を報告しています。

例えば、「ビジネス書を読んだら、その書評をＳＮＳやブログに公開する」、「研修を受講したら、その要点を同僚や後輩に15分間で教える」など、アウトプットすることを前提にインプットするのです。

そうすることで、あなたの「ＲＯＴ（時間生産性）」は何倍にもなるでしょう。

第3章

効率が良くなる「1日のスケジュールの組み方」

ルール①

アポ設定は自分が主導権を握る

あなたは、仕事で誰かにアポイントを取る際に、「いつが宜しいですか」「いつが空いていますか」と訊いていないでしょうか。

もしそのようにしているのであれば、今後はやめてください。仕事のできる人は、「3日の13時からか15時から、もしくは4日の10時からはいかがですか」という風に、**こちら側から候補日を3つほど提示**しているはずです。

これは相手がお客様だろうが先輩だろうが関係ありません。もちろんごく僅かな例外はありますが、普段やり取りをする人とのアポイントは、必ず自分が主導権を握るようにしましょう。

主導権を握りながらも、相手にも複数の選択肢の中から選んでもらうので、相手からの心証が悪くなることはありません。

営業マン時代の私は、担当する１００社近いお客様をエリア別にグルーピングし、A社とアポを取ったら、エリアの近い同じグループのB社にもアポを取るというようにしていました。

また、社内のプロジェクトリーダーや飲み会の幹事なども率先して引き受けましょう。

一見、自ら面倒くさい仕事を増やしているように思われるかもしれませんが、実はリーダーや幹事の役割には、自分の都合で予定を組むことができるようになるというメリットがあります。

さらに、周囲からの信頼や評価を得る絶好のチャンスにもなります。周囲に振り回されるのではなく、自分の影響力を広げる機会にしましょう。

自分の予定を自分で管理することができるポジションを早く獲得してしまうことが大切なのです。

ルール②

7時間睡眠を確保する

2017年6月に放送されたNHKスペシャル『睡眠負債が危ない』で、興味深いデータが紹介されていました。

国の調査（国民栄養・健康調査）によると、日本人の睡眠時間が年々短くなり続けているそうです。睡眠時間が6時間以下の人の割合が、平成20年には全体の3割未満だったものが、平成27年には4割近くに急増しているとのことです。逆に、睡眠時間が7時間以上の人の割合は34・5％から26・5％に減っていました。

また、米ペンシルバニア大学などの研究チームは被験者を「徹夜のグループ」と「睡眠時間6時間のグループ」の2つに分け、注意力や集中力の成績がどう変化するのかを調べました。

予想通り「徹夜のグループ」の成績は、初日、2日目と急激に下降しました。

一方、「睡眠時間6時間のグループ」は、最初の2日間はほとんど変化がありませんでしたが、その後、徐々に脳の働きが低下していきました。そして、２週間後には、「徹夜グループ」の二晩経過後とほぼ同じレベルになってしまったのです。

つまり、**「6時間睡眠を2週間続けた脳は、二晩徹夜した脳とほぼ同じ状態」**になってしまうということです。しかも、「６時間睡眠のグループ」は、脳の働きが衰えていることを自覚することもできないそうです。

他にも睡眠不足は、「心」や「体」にも悪影響を及ぼすことは言うまでもありません。仕事ができる人になるためには、睡眠不足の解消は絶対条件です。成人の最適な睡眠時間は、７〜８時間と言われていますので、１日のスケジュールを決める際に、まずは最低ラインの７時間の睡眠時間を確保してスケジュール帳に記入しましょう。

７時間睡眠で朝から最高のパフォーマンスを上げるためのポイントを３つ紹介します。

まず、１つ目は、**平日も休日も同じ時間に起床・就寝する**ことです。

７時間睡眠を「習慣化」するためには、平日と休日で生活リズムを変えないようにすることがベースになります。

２つ目は、**休日の朝から予定を入れておく**ことです。

仕事のできる人は「ワークハード　プレイハード」と言われ、仕事も遊びも一生懸命な人が多いです。そもそもオンとオフの区別がなく、何事においても好きなことだけに一生懸命取り組んでいるように思います。

休日の朝に「心技体」を磨く予定を入れておくことで、一定の生活リズムで活動できるようにします。また、休日を有意義に過ごせている自分を味わうことで、モチベーションの高まりを感じることができるでしょう。

３つ目は、**朝から日光とシャワーを浴びる**ことです。

起床したときに頭がボーッとしているのは、副交感神経が優位な状態だからだと言われています。交感神経を働かせるために有効なスイッチは「日光」「シャワー」「水分・栄養」の３つです。

ちなみに私の寝室の窓には、レースのカーテンしかついていません。日の出とともに日光を浴びて、起床の準備を始めます。ベッドの中で、ついついまどろんでしまうこともありますが、それでもその間に体内時計が調整され、リズムが整えられるという効果が期待できます。日光を浴びると、体内時計を調整しているメラトニンの分泌が止まり、体内時計がリセットされるのです。

さらに、起床後すぐにシャワーを浴びることで、副交感神経に支配された脳を交感神経に切り替えることができます。身体を温めて代謝を良くすることで交感神経が活発になり、目覚めが良くなるのです。

また、**起床後すぐに、コップ１杯の水を飲むことやフルーツを食べることによって、神経を刺激し、脳を目覚めさせることも有効です。**

最も高い生産性が期待できる朝の時間を有効活用するために、朝からトップギアで活動するための仕掛けをしておきましょう。

ルール③

出社・退社時間を決める

平日の出社時間と退社時間を決めて、スケジュール帳に記入しましょう。これが、あなたの人生の貴重な時間の中で、あなたが仕事に「投資」する時間ということになります。

私は、朝8時から夜7時までが理想的な業務時間だと考えていますが、業務内容にもよるので、あなたに合う時間帯を選択してください。

特に大切なポイントは、**退社時間は現実的に帰れそうな時間を記入するのではなく、あなたの理想とする退社時間を設定することです。**「この時間に帰ることができたらワクワクする」とあなたが思える時間を設定してください。

残業時間の多い人の共通のマインドに「仕事が終わらなければ残業すればいいや」というものがあります。このマインドが根底にある限り、仕事の生産性は絶対に上がりません。このマインドに陥らないようにするために、出社時間だけでなく退社時間も自分で決めるのです。

１９５８年、英国の歴史学者・政治学者シリル・ノースコート・パーキンソンが提唱した「パーキンソンの法則」では、次のような法則が結論づけられています。

（第一法則）仕事の量は、完成のために与えられた時間をすべて満たすまで膨張する
（第二法則）支出の額は、収入の額に達するまで膨張する

まさにこの２つの法則と同じことが、現代の私たちの仕事についても当てはまると思うのです。

仕事に「投資」する時間をあらかじめ制限しない限り、仕事の量の膨張を抑えることはできません。また、**「消費」する時間をあらかじめ制限しない限り、ムダな時間の「消費」も防ぐことはできない**のです。

設定した時間内に仕事を終えることを「習慣化」するためのポイントも、３つ紹介します。

まず、１つ目は、**平日の夜に予定を入れる**ことです。

これも休日の朝と同様に、「心技体」を磨く予定が望ましいです。

一般的に、幼児を育てながら働くワーキングママの「ＲＯＴ（時間生産性）」は非常に高いと言われています。それは保育園にお迎えに行かなければならない時間が決まっているからです。つまり、退社する時間が決まっているからです。限られた時間の中で結果を出すことを前提に仕事をしているので、「ＲＯＴ（時間生産性）」が高くなるのです。

２つ目は、**上司や同僚に宣言しておく**ことです。

残業時間の多い人の共通のマインドに「上司が帰らないから帰りづらい」というものがあります。

本書を読んでいるこの時間ですら、あなたの人生の寿命時間は確実に減っています。増えることは絶対にありません。そんな中、あなたの貴重な時間を上司の残業につき合うことに「投資」していていいのでしょうか。それは「投資」ではなく、ただの「消費」です。

帰りづらい気持ちが払拭できないのであれば、「毎週月・水・金曜日は習い事に行きます」などと、先に周囲に宣言してしまいましょう。

これが許されない職場なら、本当にあなたがそこにいるべきかを見直す機会と捉えましょう。

３つ目は、**利便性の良い場所に住むこと**です。

私は、新卒で入社した会社の寮に入っていたことがあるのですが、そこは会社から1時間掛かる所にありました。寮の設備は申し分なく、同期や先輩との交流も楽しかったのですが、それが不規則な生活習慣を生み出す要因にもなっていました。

また、往復2時間の通勤時間を有意義に活用することも試みたのですが、通勤ラッシュの激しい沿線だったため、本を読むことすらできない状況でした。そこで、社会人2年目からは、通勤30分圏内の所にしか住まないことにしました。

ムダに疲弊する時間を減らすこともできましたし、会社と自宅の間に「心技体」を磨く場所を見つけることで、それらを「習慣化」しやすくもなりました。

仮に家賃が上がったとしても、あなたの人生時給を考えれば、安い「投資」と言うことができます。

ルール④

すべての予定を45分単位で管理する

集中力が持続する時間の限界は90分間と言われています。これには諸説あり、45分間が限界という説もあるようです。

いずれにしても、集中力を生み出すドーパミンが脳内で分泌され始めるのは、実際にその行動を起こしてから約15分後と言われています。ですから、**30分間集中すれば完了できる見込みの仕事については、45分間のスケジュールを確保しておきましょう。**

同様に、75分間集中すれば完了できる見込みの仕事については、90分間のスケジュールを確保しておきます。

このように、時間管理の単位は、45分単位で管理することをおススメします。

アポイントも会議もすべての予定を45分単位で設定します。

仮に、予定よりも早くアポイントや会議が終わった場合は、余った時間は「ご褒美タイム」とし、メール対応や電話対応の時間に充てます。

また、**集中力が予定通りの時間まで持続しなかった場合は、速やかに他の予定に切り替えましょう。**

ただし、人は、面白いと感じることに取り組んでいるとき、脳内でドーパミンが分泌されますので、集中力が持続できなかったということは、その仕事に対する意味づけがまだまだ甘いことを意味します。その仕事をする「目的」を再度見直してみください。

また、「当初、予定していた時間」と「実際に費やした時間」のギャップがどれくらいあったのかを記録しておくこともおススメします。

もともとのスケジュールの右側に、実際のスケジュールの結果を記入して見比べることを習慣化すると良いでしょう。

なんとなく時間が「消費」されてしまう仕事の進め方になっていたことを自覚し、自分の意外な強みや弱みを発見する手助けにもなるはずです。あなたの「スケジュールの組み方」を見直す上で、「なんとなく」を「見える化（数値化・言語化）」しておくことは、とても重要な判断材料になるでしょう。

ルール⑤

3つの時間割で管理する

あなたが仕事に「投資」すると決めた業務時間を「ナレッジワークタイム」「コラボワークタイム」「ルーティンワークタイム」の3種類の時間割で管理しましょう。

基本、平日は同じ時間割を組み、その時間割の中に予定を入れていきます。従って、あらかじめ時間割を決めて、枠を確保しておくことが大切です。

①ナレッジワークタイム　集中して考える業務（企画書作成など）を行う時間

②コラボワークタイム　社内外の仕事関係者と面談・会議を行う時間

③ルーティンワークタイム　無心で定型業務（事務作業など）を行う時間

この①・②・③の順でスケジュールを組むようにしましょう。

「ナレッジワークタイム」は、原則、午前中に設定します。なぜなら、起床後の3時間が、脳のパフォーマンスが最も高い時間帯だからです。

この時間に、メール返信や電話対応、会議などに時間を消費してしまうと、１日の「ROT（時間生産性）」は下がってしまいます。

例えば、私は、午前中にアポイントを入れることはほとんどありません。事業計画や企画書について考えをまとめる時間に充てています。

本書を書く時間も、平日は９時から12時の３時間で設定しました。昼や夜よりも朝の時間帯に書くほうが圧倒的に生産性が高く、朝の時間の重要性を再認識する機会にもなりました。

一方、**時には時間割を崩して、丸一日の「ナレッジワークデー」を設定することも有効です。**

マイクロソフト創業者のビル・ゲイツ氏は、「考える週（Think Week）」という習慣を実践していることでも有名です。

「考える週」とは、仕事を離れ、リフレッシュした状態で、本を大量に読み、最新の技術を学び、クリエイティブなエネルギーを取り戻す１週間のことです。

ビル・ゲイツ氏は、年に2回、１週間の「考える週」を設定しています。この間、社員や友人、さらには家族であっても、彼と連絡を取ることは禁止されています。マイクロソフト社で生まれた重要なイノベーションの多くは、この期間中に生まれたアイデアがベースになっているそうです。

現実的には、1週間の「考える週」を確保することは、特に会社員の方は難しいかもしれません。ただ、ナレッジワークだけに集中する1日を設けるだけでも、「ROT（時間生産性）」を高めることはできるでしょう。

また、可能であれば、**執務環境以外の集中できる環境（会議室、カフェ、図書館など）を確保しておきましょう。**

私の場合、本書を書く場所は、自宅でも自分のオフィスでもなく、国会図書館や早稲田大学の図書館などを選ぶことが多かったです。外部情報や音から遮断されている図書館は、執筆活動を行うには最高の場所でした。

集中力の高い時間に、集中できる環境で仕事することが、あなたの「ROT（時間生産性）」を高めます。あなたに合った時間割と場所を探してみてください。

「コラボワークタイム」は、眠気が増幅しやすい午後の時間帯に設定します。

私の場合、例えばお客様とのアポイントは「13時半から15時までの90分間」か「16

時から17時半の90分間」で設定するよう固定しています。
14時から設定したり、17時から設定したりと相手の都合に合わせて設定していると、必ずムダな「隙間時間」が生まれてしまいます。それを避けるため、あらかじめアポイント用の時間枠を固定して確保しておくのです。そうすれば、その複数の時間枠の中から、相手に選択していただくことができ、相手の心証を悪くすることなく、自分の都合の良い時間にアポイントを設定することができるようになります。

「ルーティンワークタイム」は、「ナレッジワークタイム」や「コラボワークタイム」の合間に設定し、気分転換を兼ねて行うようにしましょう。

ファイル整理、書類の作成、テレアポ、メール作成などがルーティンワークに該当します。

ただし、ルーティンワークは、自分にしかできない仕事に絞ることが大切です。可能な限り、あなたは、あなたにしかできない仕事に集中しましょう。これについては、第4章で解説を加えたいと思います。

／　（月）		
5:00 AM		
5:30 AM		
6:00 AM		
6:30 AM		
7:00 AM		起床・ストレッチ
7:30 AM		身支度
8:00 AM		保育園送り
8:30 AM	出社	出社（内省）
9:00 AM	ナレッジワークタイム	企画書作成
9:30 AM		
10:00 AM		
10:30 AM	ルーティンワークタイム	メール・電話対応①
11:00 AM		
11:30 AM	コラボワークタイム	相談対応タイム①
12:00 PM		
12:30 PM		移動時間（昼食）
1:00 PM		
1:30 PM		アポ①
2:00 PM		
2:30 PM		
3:00 PM	ルーティンワークタイム	移動時間（メール・電話対応②）
3:30 PM		
4:00 PM	コラボワークタイム	アポ②
4:30 PM		
5:00 PM		
5:30 PM	ルーティンワークタイム	移動時間（メール・電話対応③）
6:00 PM		
6:30 PM	コラボワークタイム	相談対応タイム②
7:00 PM		
7:30 PM	ルーティンワークタイム	書類チェック・レポート記入
8:00 PM	退社	退社
8:30 PM		夕食
9:00 PM		子供と風呂
9:30 PM		
10:00 PM		TV・読書
10:30 PM		
11:00 PM		メール返信④
11:30 PM		
12:00 AM		ストレッチ・筋トレ
12:30 AM		就寝
1:00 AM		

※このシートはダウンロードができます。詳しくは230ページをご覧ください。

ルール⑥
ランチタイムを戦略的に活用する

ＮＨＫ文化放送研究所の『２０１５年　国民生活時間調査』によると、平日に昼食をとる時間帯は、国民の42％が「12時から12時半の間」、30％が「12時半から13時の間」と回答しています。このような混み合う時間帯に昼食をとることの合理性は何１つありません。

ランチタイムは、飲食店やコンビニの混雑する時間帯を避けて設定しておきましょう。もしくは、出社時にあらかじめ昼食を購入しておきましょう。

余談ですが、普段の私の朝食は、フルーツとプロテイン入りの牛乳だけです。昼食は体に良い物だけをしっかり食べます。夕食は宴席になることが多いので、なるべく炭水化物を抜いて、野菜や魚をちょこちょこと食べるようにしています。実質、しっかり食べることができるのは、ランチしかないので、妥協のないランチタイムを過ごすことができるようになりました。

たまにジャンクフードが食べたくなるときもありますが、「1日1食しか食べられなくても、それを食べるのか」と自分に問い掛けることで、欲求を抑えることができるようになりました。結果、1回1回の食事に対して感謝の気持ちが湧くようになりましたし、1年間で10キロのダイエットに難なく成功することができました。

実は、これらはすべて、ファスティング（断食）がきっかけになっています。私は月1回程度の軽めのファスティングを「習慣化」しています。ファスティングをする度に、食事をありがたい機会だと捉えられるようになり、その時間や自分の身体に感謝の気持ちが湧き、本当に身体が喜ぶものだけを食べたいと思うようになったのです。

「時間の使い方」でも、この考え方はとても大切です。**自分の「心」が喜ぶことだけに時間を「投資」してほしいのです。**

また、ランチタイムを惰性で同僚と過ごすのではなく、「ナレッジワークタイム」の延長戦扱いにして、ひとりで考えごとをする時間に使うのも有効です。

他に、ランチタイムの時間の使い方としては、**昼食後に15分から20分程度の仮眠をとる「パワーナップ」も、「ROT（時間生産性）」を高める上でおススメです。**

「パワーナップ」は、コーネル大学の社会心理学者であるジェームス・マース博士が提唱した睡眠法です。欧米では、すでに多くの企業で導入されていて、アメリカ海兵隊では、パトロール前の「パワーナップ」が義務づけられているほどです。NASA（米航空宇宙局）が宇宙飛行士に行った実験でも、平均26分の仮眠によって認知能力が34％、注意力が54％アップしたそうです。

私自身は、ひとりになる時間もつくりやすいですし、睡魔に襲われることもないタイプなので、平日のランチタイムには「パワーランチ」を設定するように心掛けています。

「パワーランチ」とは、会議や面談、ビジネスパートナーとの打ち合わせ、顧客との打ち合わせなど、ビジネスに関するミーティングを兼ねたランチのことを言います。

「パワーランチ」にすることで、お客様やビジネスパートナーとの時間をより有意義なものにし、「ＲＯＴ（時間生産性）」も高めているのです。

とにかくなんとなく決められているから、お昼休みにランチをとるというような「時間の使い方」だけは避けたいものです。

ルール⑦

1日15分間の内省の時間を設ける

「深い孤独がなければ、まともな作品はつくれない」

これは、有名な画家パブロ・ピカソ氏の言葉ですが、芸術だけでなく、仕事も同じです。忙しいあなたも、**意図的に孤独になる時間を確保することで、より生産性の高いより良い仕事ができるようになるはずです。**

その孤独な時間に、自分と向き合う内省の「習慣」をつくりましょう。退社前の15分間、もしくは就寝前の15分間に、この時間を確保しておくことが大切です。15分間というのは、1日のたった1%の時間に過ぎませんが、この時間が「ROT（時間生産性）」を高める上でとても大きな効力を発揮します。

内省には、大きく分けて3段階あります。**「過去を振り返る内省」「現在を見つめる内省」「未来を想像する内省」**です。

内省の順序としては、「未来」から「現在」、そして「過去」へと遡《さかのぼ》っていき、最後に、成功している「未来」を再びイメージして終えることをおススメします。

「未来を想像する内省」については、本書の第1章で「パッションテスト」や「ミッションテスト」をもとに描いた「未来イメージ」を復唱するだけで構いません。内省の時間の最初に復唱し、翌朝、書き出したものに目を通すだけで大きな効果が期待できます。

「現在を見つめる内省」では、「マインドフルネス瞑想」と「ジャーナリング」を行ってみましょう。

近年、アメリカでブームとなっていた「マインドフルネス」が日本でも注目されています。

「マインドフルネス」とは、過去や未来ではなく「今生きているこの瞬間」だけに意識を集中し、そこに先入観や善悪などの判断を一切加えずに、ありのままの現実や心の状態を受け入れ、味わうことです。これを私は、「今ここ」という時間と空間に感謝して生きることだと理解しています。

それでは、「マインドフルネス瞑想」の基本的なプロセスをご紹介します。

詳細は、『世界のトップエリートが実践する集中力の鍛え方　ハーバード、Google、Facebookが取りくむマインドフルネス入門』（日本能率協会マネジメントセンター）などをお読みいただければと思います。

まず、最初に、自分の呼吸に注意を向けます。しかし、呼吸に注意を向けていても、数分すると注意がそれ、雑念が湧いてきます。そのことに気づき、改めて呼吸に集中する、これが「マインドフルネス瞑想」の基本的な流れです。

このプロセスを繰り返すことで、注意散漫になりやすい日常生活や仕事の中でも、常に大切なところに立ち返ることができるようになります。

また、**「ジャーナリング」は、「書くマインドフルネス」とも言われ、心に浮かんだことを浮かんだまま書き連ねることで内省を促すものです。**

米テキサス大学のジェイムズ・ペンベイカー教授の研究によると、失業した知的職業人たちに、5日連続で毎日20分ずつ、自分に向けて、自分の気持ちを書き出す「ジャーナリング」を行ってもらったところ、8ヶ月後の就職率は通常より40％以上高い68・4％という高水準になったそうです。

一方、「ジャーナリング」を行わなかったグループの就職率は27・８％と低水準に終わりました。

また、米ミズーリ大学の研究では、49名の大学生が2日連続で2分間の「ジャーナリング」を行った結果、心身の健常性の向上が見られたそうです。

あなたの「ジャーナリング」は、「目標達成習慣化レポート」（１０６ページ参照）の「自分への誉め言葉」「周囲への感謝の言葉」の欄に、思い浮かんだものを書き連ねることから始めてみてください。

「過去を振り返る内省」では、「リフレクション」を行います。

「リフレクション」は、日々の業務や現場から一旦離れて、自分の積んだ経験を振り返ることを指します。

毎日行う場合は、その日に起こった出来事の真意を探り、その経験における自分のあり方を見つめ直します。そうすることで、今後同じような状況に直面したときに、より良く対処するための「戦略」「戦術」を見出すことができるのです。

この「リフレクション」の「内省」は、「反省」と似ていますが、似て非なるものです。

「反省」は、自分の失敗体験を中心に振り返り、「何がいけなかったのか」の要因分析をすることです。二度と同じ失敗を繰り返さないようにするためには必要なプロセスですが、ネガティブな感情も湧きやすくなるものです。

一方、**リフレクションの「内省」は、1日の自分のすべてを振り返り、フラットに自分の姿を見つめ直すことです。**ニュートラルな感情で、客観的に自分の言動を振り返ります。

「もう一度やり直せるならば、何をどうするのか」を考え、書くことを習慣化しましょう。これも「目標達成習慣化レポート」に書き込んでください。

成功者の共通点の1つに日誌を書いているということが挙げられます。

古くは松下幸之助さんをはじめ、京セラの稲盛和夫さん、ユニクロの柳井正さんなどの超一流の経営者やビジネスパーソンが日誌を書いています。また、サッカーの本田圭佑選手、長友佑都選手、フィギュアスケートの羽生結弦選手、体操の内村航平選手などの超一流のアスリートも皆、日誌を書いていることで有名です。

例えば、サッカー日本代表の本田圭佑選手は、小学6年生の頃から毎日欠かさず日誌を書き続けています。今では『夢ノート』と呼ばれ、その数は100冊を超えているそうです。

本田選手は、小学校の卒業文集に「世界一のサッカー選手になりたい」と明確な「目標」を描いていましたが、そもそものきっかけは、本田選手の大叔父にあたる本田大三郎さんがノートをつけることを勧めたことにあるそうです。東京五輪のカヌー代表だった大三郎さんと、その息子でレスリング五輪代表の本田多聞さんによるアドバイスをきっかけに、「習慣化」するようになったそうです。

サッカーのプレーについても細かくメモされているようですが、１つのルールとして、「目標」を過去完了形で描くことというのがあるそうです。本田選手が、小学校の卒業文集に「自分はセリエＡで10番をつけてプレーしている」と書き、それを実際に達成させたことは有名ですが、この内省が、数々の「目標」を達成してきた本田選手の原点なのです。


さらに、**日誌を書くことで、「昨日の自分」よりも「今日の自分」が成長できていることを日々自覚することができます。**この自覚の積み重ねが、自信とモチベーションの原動力になります。**「過去を振り返る内省」が「未来を創造する」ことにも繋がるのです。**

そして最後に、明日という現実的な「未来」をイメージして内省を終えてください。具体的には、「明日の目標」と「明日のタスク」を洗い出し、明日という1日が成功しているイメージを具体的に描いてください。毎晩、これらを「目標達成習慣化レポート」の翌日分の「今日のタスク」と「今日の目標」欄に書くことを習慣化しましょう。

このように、内省することには、主に3つのメリットがあります。

1つ目は、**心身ともに健康になること**です。ストレスが解消され、ネガティブな感情が芽生えにくくなりますし、自己肯定感が醸成され、自信やモチベーションも湧きやすくなります。

2つ目は、**集中力が高まること**です。本当に大切なものを見失わなくなります。

3つ目は、**必要な「戦略」「戦術」を選択しやすくなること**です。心身が健全な状態で、大切なものが何かも分かっているので、「戦略」「戦術」を見誤ることはなくなるでしょう。

何も難しいことをする必要はありません。

まずは、ジムのランニングマシンで走りながらでも、ヨガやピラティスをやりながらでも、エステで施術を受けながらでも構いません。１日の終わりの時間帯に、ひとりで内省する「習慣」を採り入れてみてください。

人は、自分と向き合えて始めて、前に進む本当の強さを持つことができるのです。

目標達成習慣化レポート

今日のタスク	結果

今日の目標

自分への誉め言葉

周囲への感謝の言葉

もう一度やり直せるならば

※このシートはダウンロードができます。詳しくは230ページをご覧ください。

第4章

忙しいから解放される「時間の使い方」

本章では、あなたの1日1日の「時間の使い方」について、一緒に見直していきたいと思います。どのようにすれば、仕事ができる人の「時間の使い方」にシフトできるのかを、次のように10のステップに分けて、1つ1つ具体的に紹介していきます。

この「時間の使い方」をマスターできたとき、あなたは「忙しい」という言葉を使う日常から解放されていることでしょう。

「時間の使い方」を見直すための10のステップ

ステップ① 何に時間を使っているか分析する
ステップ② 優先順位を見直す
ステップ③ ムダなタスクをやめる（決断する）
ステップ④ タスクを仕組み化する
ステップ⑤ 他の人に任せる
ステップ⑥「他の人」の「他のタスク」とコラボする
ステップ⑦ 一石二鳥を狙う
ステップ⑧ マイルールをつくる
ステップ⑨ ルーティン化して早く確実に行う

ステップ⑩ タスクの時間を短縮する

すべてのステップを遂行した上で、最終手段として「短縮する」ことを考えるところが大切なポイントです。では、ステップ①から順に見ていきましょう。

ステップ①
何に時間を使っているか分析する

「忙しい」「忙しい」と言う割に、「何に」「どれくらい」時間を奪われているのかを正しく把握できている人は少ないものです。「心」を「亡」くすと書いて「忙しい」なので、「忙しい」から解放されるためには、まずはその「意識」を変えることが大切です。

私の場合は、10年程前から「忙しい」という言葉を使わないように心掛けていて、「忙しい」ときは「大変だ」と言うようにしています。「大変」という言葉は、「大」きく「変」わると書くので、「大きく変わる」ティッピング・ポイントを迎えているのだと自分に言い聞かせるために、そのような言葉遣いを選択しています。

このように「意識」を変えた上で、あなたが遂行してきた「タスク」に「投資」した「時間」と「頻度」を把握することが大切です。あなたの忙しさを見える化することが、あなたを「忙しい」から解放する第一歩になるのです。

では、あなたの忙しさを見える化して分析していきましょう。

2つの手順に分けます。

手順①

まず、あなたの代表的な1週間のスケジュール帳を開いてください。特殊な1週間ではなく、あなたにとってありがちな1週間をピックアップします。

そして、その1週間にあなたが遂行した「タスク」の中で、「睡眠時間」と「生活時間（歯磨き・トイレ・身支度など）」を除いたすべての「タスク」を付箋紙に書き出しましょう。付箋紙1枚につき、1つの「タスク」を書き出します。

ビジネスの場面に限らず、プライベートも含めて、「1週間で1時間以上」の時間を「投資」した（もしくは、「消費」された）「タスク」をすべて書き出してください。

仮に、とある大手企業の営業部で、プレイングマネージャーとして勤務するAさんが、このような1週間を過ごしたとしましょう。

【ビジネス】

・見込み顧客にテレアポをする
・(翌日からの) テレアポ用リストを作成する
・(急な) 来客に対応する
・顧客からのクレームに対応する
・(急ぎの) 見積書依頼に対応する
・請求書の作成を経理に依頼する
・(期限の迫った) 社内会議用資料を作成する
・(期限の迫った) 顧客提案用資料を作成する
・必要書類を探す
・(直前に) 部長への報告書を作成する
・重要な会議に出席する
・顧客からの電話やメールに対応する
・(余裕を持って) 通勤 (往復) する
・書類を整理する

・職場環境の改善案を部長に提言する
・見込み顧客獲得のためにＳＮＳで種を蒔いておく
・(計画的に）顧客を訪問する
・(急な）部下からの相談に対応する
・スタッフからの電話やメールに対応する
・会議の議事録を作成する
・意味のない会議に出席する
・部下から提出された日報をチェック・コメントする

【プライベート】

・(計画的に）食事をとる
・(急に）怪我をした母親の介護をする
・(慌てて）保育園の送迎をする
・内科で風邪の診察・処方をしてもらう
・内省する
・歯医者で歯の定期メンテナンスをする

・社外勉強会に参加する
・ビジネス書を読む
・ジムで筋トレをする
・半身浴をする
・同僚と深酒する
・喫煙する
・（だらだら）テレビを観る
・（だらだら）YouTubeを観る
・（目的なく）インターネットをする

このように、すべてを書き出せたら、それぞれの「タスク」に対して、その1週間でどれだけの時間を投資したのか（もしくは、消費されたのか）を計算してください。そして、付箋紙に書き出したそれぞれの「タスク」の隣に、その合計時間を書いてください。

ちなみに、ここでは書きやすさを優先して、「ビジネス」と「プライベート」を分けて書き出していますが、私自身は、「ビジネス」と「プライベート」は分けて考えることはしていません。「ビジネス」と「プライベート」は表裏一体の関係で、どちらか一方だけがうまくいくということは、中長期的にはあり得ないと考えています。

「プライベート」が充実しているから「ビジネス」に専念でき、「ビジネス」がうまくいっているから「プライベート」も心から楽しめるのだと思います。

【ビジネス】

・見込み顧客にテレアポをする　3時間
・(翌日からの) テレアポ用リストを作成する　3時間
・(急な) 来客に対応する　1時間
・顧客からのクレームに対応する　1時間
・(急ぎの) 見積書依頼に対応する　1時間
・請求書の作成を経理に依頼する　1時間
・(期限の迫った) 社内会議用資料を作成する　2時間
・(期限の迫った) 顧客提案用資料を作成する　4時間
・必要書類を探す　1時間
・(直前に) 部長への報告書を作成する　1時間

・重要な会議に出席する　4時間
・顧客からの電話やメールに対応する　2時間
・（余裕を持って）通勤（往復）する　5時間
・書類を整理する　1時間
・職場環境の改善案を部長に提言する　1時間
・見込み顧客獲得のためにSNSで種を蒔いておく　2時間
・（計画的に）顧客を訪問する　6時間
・（急な）部下からの相談に対応する　5時間
・スタッフからの電話やメールに対応する　2時間
・会議の議事録を作成する　2時間
・意味のない会議に出席する　2時間
・部下から提出された日報をチェック・コメントする　3時間

【プライベート】

・（計画的に）食事をとる　12時間
・（急に）怪我をした母親の介護をする　5時間

・(慌てて) 保育園の送迎をする　4時間
・内科で風邪の診察・処方をしてもらう　1時間
・内省する　2時間
・歯医者で歯の定期メンテナンスをする　1時間
・社外勉強会に参加する　3時間
・ビジネス書を読む　5時間
・ジムで筋トレをする　3時間
・半身浴をする　3時間
・同僚と深酒する　5時間
・喫煙する　5時間
・(だらだら) テレビを観る　10時間
・(だらだら) YouTube を観る　1時間
・(目的なく) インターネットをする　5時間

「忙しい」と言う割に、何にどれくらい時間を奪われているのか正しく把握できている人はあまりいません。そこで、この作業を行うことを推奨しているのです。

手順②

では、これらの「タスク」を有名な「時間管理マトリクス」で整理・分析してみましょう。

「時間管理マトリクス」は、「緊急度」×「重要度」の掛け合わせによってつくられる4象限のことです。『7つの習慣』で紹介されたフレームワークで、あらゆる時間管理術のベースになっています。

まず、「緊急度」と「重要度」の2本のモノサシを使って、あな

		緊急			緊急ではない	
重要		第Ⅰ領域（義務活動）	24時間		第Ⅱ領域（投資活動）	26.5時間
	1	顧客提案用資料を作成	4 時間	1	（計画的に）顧客を訪問する	6 時間
	2	重要な会議に出席する	4 時間	2	（余裕をもって）通勤する	5 時間
	3	怪我をした母親の介護をする	3 時間	3	ビジネス書を読む	3 時間
	4	見込み顧客にテレアポをする	3 時間	4	半身浴をする	3 時間
	5	テレアポ用リストを作成	3 時間	5	ジムで筋トレをする	2 時間
	6	社内会議用資料を作成	2 時間	6	顧客獲得のためにSNS	2 時間
	7	顧客からの電話やメールに対応	2 時間	7	社外勉強会に参加する	2 時間
	8	保育園の送迎	1 時間	8	内省する	1.5 時間
	9	来客に対応する	1 時間	9	書類を整理する	1 時間
	10	部長への報告書を作成	1 時間	10	職場環境の改善案を提言	1 時間
重要ではない		第Ⅲ領域（対処活動）	29時間		第Ⅳ領域（過剰活動）	26時間
	1	（不規則に）食事をとる	7 時間	1	（だらだら）テレビを観る	10 時間
	2	（急な）部下からの相談に対応	5 時間	2	同僚と深酒する	5 時間
	3	部下からの日報をチェック	3 時間	3	喫煙する	5 時間
	4	スタッフからの電話に対応	2 時間	4	（目的無く）インターネット	5 時間
	5	会議の議事録を作成する	2 時間	5	（だらだら）YouTube	1 時間
	6	意味の無い会議に出席する	2 時間	6		時間
	7	内科で風邪の診察	1 時間	7		時間
	8		時間	8		時間
	9		時間	9		時間
	10	上記以外の使途不明時間	7 時間	10		時間

※このシートはダウンロードができます。詳しくは230ページをご覧ください。

た が遂行した「タスク」を次の４象限で整理します。

第Ⅰ領域（Must Task）
「緊急かつ重要なもの」
第Ⅱ領域（Valuable Task）
「緊急ではないが重要なもの」
第Ⅲ領域（Should Task）
「緊急だが重要でないもの」
第Ⅳ領域（Worthless Task）
「緊急でも重要でもないもの」

「緊急度」と「重要度」の高低については、次のような基準で判断しましょう。
「緊急度」は、他者を待たせているものや、早く他者に依頼すべきものを「高い」と判断します。
「重要度」は、あなたの「パッション」「ミッション」に沿ったもの、あなたの重要な「目標」の達成のために貢献するものを「高い」と判断してください。つまり、あなたの中で何らかの意味づけができる「タスク」を「重要度」の「高い」ものと判断します。「重要」かどうかの判断に悩むものがあれば、「その仕事で生み出した利益」を「その仕事に費やした時間」で割り算してみて、「自分の理想の人生時給」（27ページ参照）を上回っていれば、「重要」だと判断してください。

「自分の現在の人生時給」すら下回っていれば、非生産的な「タスク」に時間が「消費」されていることを意味します。

先程、書き出した1週間の「タスク」を4つの領域に分類して、整理してみましょう。あわせて、合計時間の大きい「タスク」から順番に並び替えてください。

【第Ⅰ領域（緊急かつ重要）】＝「Must Task」

① （期限の迫った）顧客提案用資料を作成する　4時間
② 重要な会議に出席する　4時間
③ （急に）怪我をした母親の介護をする　3時間
④ 見込み顧客にテレアポをする　3時間
⑤ （翌日からの）テレアポ用リストを作成する　3時間

⑥（期限の迫った）社内会議用資料を作成する　２時間
⑦顧客からの電話やメールに対応する　２時間
⑧（慌てて）保育園の送迎をする　１時間
⑨（急な）来客に対応する　１時間
⑩（直前に）部長への報告書を作成する　１時間
⑪顧客からのクレームに対応する　１時間
⑫（急ぎの）見積書依頼に対応する　１時間
⑬請求書の作成を経理に依頼する　１時間
⑭必要書類を探す　１時間

「第Ⅰ領域（Must Task）」の「タスク」を遂行していることが最も理想的だと錯覚されがちですが、**「第Ⅰ領域」に時間が割かれているということは、ただ単に仕事に追われているに過ぎません。**

「第Ⅰ領域」は、「第Ⅱ領域」に時間を「投資」することで、減らすことができます。

「第Ⅰ領域」のほとんどの「タスク」は、計画立てて動き、先回りして準備することで、「回避」もしくは「軽減」することができるものです。

例えば、「（翌日からの）テレアポ用リストを作成する」という「タスク」は、「外部から購入する」「営業アシスタントに依頼する」などの「タスク」をあらかじめ選択していれば、回避することができたでしょう。

【第Ⅱ領域（緊急ではないが重要）】＝「Valuable Task」

① （計画的に）顧客を訪問する　6時間
② （余裕を持って）通勤（往復）する　5時間
③ ビジネス書を読む　3時間
④ 半身浴をする　3時間
⑤ ジムで筋トレをする　2時間
⑥ 見込み顧客獲得のためにSNSで種を蒔いておく　2時間
⑦ 社外勉強会に参加する　2時間
⑧ 内省する　1.5時間
⑨ 書類を整理する　1時間
⑩ 職場環境の改善案を部長に提言する　1時間
⑪ 歯医者で歯の定期メンテナンスをする　1時間

「第Ⅱ領域」には、あなたの「パッション」「ミッション」「ビジョン」に沿ったもの、あなたの「目標」達成に貢献するもの、「心技体」を磨くものが入ります。

例えば、「見込み顧客の獲得のためにSNSで種を蒔いておく」のように、一見、遊びのように見えるものでも、そこに「目的」意識があれば、「第Ⅱ領域（Valuable Task）」になります。

【第Ⅲ領域（緊急だが重要ではない）】＝「Should Task」

①（不規則に）食事をとる　7時間
②（急な）部下からの相談に対応する　5時間
③部下から提出された日報をチェック・コメントする　3時間
④スタッフからの電話やメールに対応する　2時間
⑤会議の議事録を作成する　2時間
⑥意味のない会議に出席する　2時間
⑦内科で風邪の診察・処方をしてもらう　1時間

「時間の使い方」という点において、最も改善の余地がある領域が、この「第Ⅲ領域」です。ここに挙げられている「タスク」のすべてが、何らかの「戦術」を選択することで、「回避」「軽減」「委託」「短縮」などを行うことができます。「やるべきタスク」が多い一方、「やめるべきタスク」が多い領域でもあります。

また、タスクを洗い出してみると「使途不明時間」があることに気づくことがあります。自分の自覚がないところで時間を「消費」していることが多いのです。その場合は、「第Ⅲ領域」の中に「使途不明時間」として、その時間を書き加えておいてください。

【第Ⅳ領域（緊急でも重要でもない）】＝「Worthless Task」

①（だらだら）テレビを観る	10時間
②同僚と深酒する	5時間
③（目的なく）ネットサーフィンする	5時間
④喫煙する	5時間
⑤（だらだら）YouTubeを観る	1時間

「第Ⅳ領域」については、「時間」だけでなく、「お金」までムダに「消費」されてしまうものが多いので、根絶したいところです。ただし、例えば、「テレビを観る」ことに明確な「目的」「目標」があれば、それは「不毛」とは限りません。

私の場合、昔からテレビのバラエティー番組を好んで観ていましたが、それはコミュニケーション術の勉強目的で観ていました。実際、それは大いに活かされています。このような場合、「テレビを観る」ということが「第Ⅱ領域」に位置づけられることもありえるのです。

最後に、各領域に分類した「タスク」に「投資」した（もしくは、消費された）時間の合計を算出してください。そして、全体における各領域の比率（％）も算出してください。

「第Ⅱ領域」に「投資」できている時間が、全体の20％未満であれば、あなたの仕事人生はかなり危険な状態にあると言えます。それは、仕事で結果を生み出すための準備や「心技体」を磨く時間が充分に確保できていないことを意味するからです。

また、「緊急度」の高い「第Ⅰ領域」と「第Ⅲ領域」を足した数字が50％を超えている場合、あなたはかなり時間に追われている状態ということになります。

そして、「重要度」の低い「第Ⅲ領域」と「第Ⅳ領域」を足した数字が50％を超えている場合、あなたの時間は「消費」されてしまっています。残念ながらあなたの仕事ぶりに対する周囲の評価は高くないでしょう。

さて、いかがでしょうか。あなたの人生は、どの領域に支配されていましたか。

「第Ⅳ領域」の割合が30％以上の場合は、あなたが「フリーター」のような生活を送っていることを意味します。

ただ、さすがに本書の読者にはいないですよね。周りに該当する方がいたら、ぜひ本書をすすめてあげてください（笑）。

「第Ⅲ領域」の割合が30％以上の場合は、あなたが「典型的サラリーマン」のような生活を送っていることを意味します。

自らの意志で主体的に仕事をしているとは言えず、精神的にも肉体的にも疲弊感を感じているはずです。

そして、**「第Ⅰ領域」の割合が30％以上の場合は、あなたが「プレイングマネージャー」のようなワークスタイルをしていることを意味します。**

責任が大きくなっているにもかかわらず、いまだに「あれもこれも」とさまざまなタスクに追われている状態です。

最後に、**「第Ⅱ領域」の割合が30％以上の場合は、あなたがすでに自己管理できつつあることを意味します。**

個人事業主はもちろん、経営者や部長以上の管理職の方は、この領域を中心に生活できていなければ、「目標」を達成させることは難しいでしょう。

経営者や管理職の周りは、「やったほうが良いこと」で溢れています。その中で「あれもこれも」と「第Ⅰ領域」の活動に時間を「消費」してしまうと、そのどれもが中途半端な結果に終わってしまうことでしょう。

また、「心技体」を磨き続ける時間も確保できないはずです。そのような上司にあなたは魅力を感じるでしょうか。

この**「第Ⅱ領域」に時間を「投資」することが、まさに仕事ができる人の「最高の時間の使い方」と言えます。**

この「第Ⅱ領域」に時間を「投資」することによるリターンは、非常に大きなものがあります。

「第Ⅱ領域」を増やすことができれば、「第Ⅰ領域」を減らすことができます。正確に言うと、「第Ⅰ領域」だけに限らず、「すべての領域で消費されている時間」を「第Ⅱ領域に投資する時間」に置き換えることができます。

人の健康に関連した活動を例に挙げると、分かりやすいかもしれません。

ここでは、「第Ⅰ領域」は「緊急手術」、「第Ⅱ領域」は「適度な運動や人間ドック」、「第Ⅲ領域」は「ちょっとした風邪や肩こりの治療」、「第Ⅳ領域」は「タバコや深酒などの不摂生」と例えてみたいと思います。

「第Ⅱ領域」である「人間ドック」の機会を増やせば、「第Ⅰ領域」である「緊急手術」を回避することはできますよね。また、「第Ⅱ領域」である「適度な運動」の時間を増やせば、「第Ⅲ領域」である「ちょっとした風邪や肩こりの治療」は必要なかったかもしれません。

仕事ができる人は皆、歯が綺麗で、虫歯がありません。それは、単に見た目を良くすることへの意識が高いだけではありません。「歯のメンテナンス」という「第Ⅱ領域」

に時間を「投資」をしていることの証なのです。

また、一般的には、「第Ⅰ領域」が増えると、そのストレスから「第Ⅳ領域」が増える傾向にあります。しかし、「第Ⅱ領域」に時間を「投資」する意識を持つことで、「第Ⅳ領域」が減るのです。

このように、「第Ⅱ領域」に時間を「投資」することは非常に重要です。

これを最も端的に表現したものに「農場の法則」と呼ばれるものがあります。この法則については、『７つの習慣』の著者であるスティーブン・R・コヴィー博士が、次のように解説しています。

「冬に畑を耕し、春に種を蒔いて、夏に雑草を除いてやってはじめて、秋に収穫ができる。秋に収穫がほしいからといって、秋に種を撒いても、収穫はできない」

「春に種を蒔く」という「第Ⅱ領域」の「タスク」を遂行することによって、「秋に収穫する」という「目標」が達成できることを端的に表現しています。

ステップ②
優先順位を見直す

あなたの「時間の使い方」を見直す上で最も大切なことは、「重要度」の高いものだけに取り組むことです。つまり、**「第Ⅰ領域」「第Ⅱ領域」だけに時間を投資することが大切です。**

そのためには、「第Ⅳ領域」は「避ける」、「第Ⅲ領域」は「最小限に減らす」ことが必要です。

さらに、「第Ⅱ領域」に「集中する」ことで、「第Ⅰ領域」を「管理する」ことが大切です。

ここで言う「管理する」とは、「第Ⅰ領域」の「タスク」に対して、「やらされ仕事」として取り組むのではなく、主体的に取り組み、やりくりしていくという意味です。

ただ、頭では、これらの優先順位を理解していても、「第Ⅱ領域」に時間を投資することはなかなかできません。なぜなら、実社会では、「緊急度」の高い「タスク」

が横入りしてくるためです。そのようなことが頻繁に発生することは、あなたもよく知っているでしょう。

そこで、「第Ⅱ領域」に時間を優先的に投資するために必要な考え方を紹介します。それが**「大きな石から入れる」**という考え方です。

私が講師契約をしているフランクリン・コヴィー・ジャパン社が提供する『７つの習慣』セミナーの中で使用される有名な映像（https://7habits.jp/learning.html）があります。

その映像では、スティーブン・R・コヴィー博士の前に、２つの同じ大きさのバケツが置かれています。加えてそこには、複数の「大きな石」と数多くの砂利のような「小さな石」が置かれています。

コヴィー博士は、片方のバケツの中に、最初に「小さな石」を流し込みました。そして、セミナー受講者のひとりに、「このバケツの中に、残りの『大きな石』をすべて入れてください」と依頼しました。

依頼された受講者は、すでに「小さな石」が流し込まれているバケツの中に、「大きな石」を捻じ込もうとしますが、結局、すべてを入れることはできませんでした。

そこで、コヴィー博士は、もう一方のバケツに「大きな石」から入れてみることを提案します。最初にすべての「大きな石」を入れ、その上で、「小さな石」を流し込みました。すると、同じ大きさのバケツであるにもかかわらず、今度は「大きな石」も「小さな石」もすべての石がバケツの中にきっちり入りました。

この映像に出てきた「大きな石」は「第Ⅱ領域」を表し、「小さな石」はそれ以外の領域の「タスク」を表しています。

つまり、私たちの時間も「大きな石」に該当する「第Ⅱ領域」から予定を入れ、余った「隙間時間」に「小さな石」に該当するその他の領域の「タスク」を入れていくことが大切だと示唆しています。

この考え方を「習慣化」することで、『仕事ができる人の最高の時間術』の土台が完成します。「第Ⅱ領域」は「重要度」が高いにもかかわらず、「緊急度」が高くないために、後回しになりがちです。それらを防ぐためにも、**「第Ⅱ領域」の「タスク」こそ、最初に予定に組み込んでしまうことが大切なのです。**

このように、「重要度」の高い「第Ⅱ領域」「第Ⅰ領域」の順に予定を入れ、「重要度」

の低い「第Ⅲ領域」「第Ⅳ領域」の「タスク」は、その「隙間時間」に処理するという優先順位で考えることが大切です。とにかく「重要度」を最優先で考えることが大切なのです。

コラム　タスク管理における「優先順位を見直す」

私は、その役割上、タスク管理の方法について、よく相談をされます。

私も20年間の社会人生活の中で、手帳管理やクラウド管理など、さまざまな方法を試してきました。そこから得た結論は、結局、付箋紙での管理が最も効果的だということです。

タスク管理において、最も重要なポイントは、「すぐに確認できること」と「すぐに入れ替えできること」の２つですが、それは手帳やクラウドでは難しいのです。その点、「タスク」を付箋紙に記入して管理する方法は、容易に実現できます。

ここでは私が使用している「４象限のＴＯ ＤＯリスト」と呼ぶシンプルなタスク管理の方法を紹介します。

まず、「タスク」を「ビジネス」と「プライベート」に分けます。その上で、「今日やるもの」と「明日以降でいいもの」に分けます。

さらに、その中で、優先順位の高いものから順番に、付箋紙に記入していきます。

この作業を前日の夜の内省の時間に行い、翌朝改めて確認をしてから、仕事に入ります。

その付箋紙は、一番目につく場所に貼るようにしましょう。仕事中にすぐに目につく場所が

	本日のタスク	明日以降のタスク
ビジネス		
プライベート		

良いです。

私の場合は、モバイルＰＣのタッチパッドの左側に「今日やるもの」、右側に「明日以降やるもの」をそれぞれ「ビジネス」と「プライベート」の２段に分けて記入し、貼るようにしています。

「タスク」を完了させたら「外す」、「タスク」の優先順位が変更になったら「入れ替える」ということを行いましょう。

このように「タスク」を見える化すると、完了させるたびに付箋紙が綺麗になっていくので、モチベーションを継続させる効果も期待できます。

ステップ③

ムダなタスクをやめる（決断する）

「重要度」の低い「第Ⅲ領域」と「第Ⅳ領域」については、「決断する」ことを第一に考えましょう。

「決断する」と言うと、「新しいことや大きなことを決める」イメージが強いと思いますが、本来はそうではありません。「断つ」ことを「決める」ことが「決断」です。

人生の「目的」に関係ないものを「断つ」と「決める」ことが「決断する」の本質なのです。

では、「決断する」手順を説明します。

当然ながら、**まず最初に「決断」すべき「タスク」は、「第Ⅳ領域」です。**

先程のプレイングマネージャーAさんの「第Ⅳ領域」は、次のようなものでした。

① （だらだら）テレビを観る　10時間
② 同僚と深酒する　5時間

③（目的なく）インターネットをする　5時間
④喫煙する　5時間
⑤（だらだら）YouTubeを観る　1時間

その他にも、例えば、

・気が乗らない飲み会に行く
・惰性で2次会にまで参加する
・職場の同僚と連れ添ってランチに行って店で並ぶ
・他人の陰口を言う
・芸能人のゴシップについてインターネットで調べる
・スマホゲームをする
・ギャンブルにはまる

など、さまざまな「第Ⅳ領域」があります。

これらに、**あなたの人生をプラスの方向に向かわせるだけの意味づけができないよう**

であれば、直ちに「決断する」ことが大切です。「決断する」ことによって、人生に悪影響を及ぼすような「第Ⅳ領域」は何1つないはずです。

私の場合、経営者同士のつき合いで、「ゴルフ」や「誕生日パーティー」に誘われることがとても多いのですが、すべてお断りするようにしています。最近は、もう誰からも誘われなくなってきました（苦笑）。

どちらも仕事にメリットがあることは分かるのですが、「ゴルフ」は家族との限られた時間が奪われるため、「誕生日パーティー」は誰かひとりのパーティーに顔を出してしまうとキリがないため、「決断する」ようにしています。

また、**人間関係についても、定期的に「決断する」ようにしています。**

自分の中で「違和感のある人とは、時間を過ごさない」というルールを決めて、そのルールに忠実に生きるようにしています。これも1つの「決断する」です。

ただし、20代の頃の私のように器の小さい状態でこれを遂行しようとするのは、「未熟者のただのわがまま」とも言えます。ですから、「心技体」を磨き続け、**本当に自分に非がないかを客観的に振り返る「習慣」も持っておくことが重要です。**

私の場合、30代のときに心理学を勉強してから、人の好き嫌いがまったくなくなりました。しかし、それでも違和感のある人というのはよっぽどの人だと判断し、そういう人とのつき合いは避けるようにしています。

私の言う「違和感のある人」とは、「言行不一致の人」、「相手によって態度を変える人」、「自分の感情をコントロールできない人」、「批判的な発言、ネガティブな発言が多い人」などです。

私は、これまでの20年間の仕事人生において、自分のミスによるクレームというものをもらったことがありませんでした。しかし、研修講師をやっていると、公開講座で、ごく稀にクレームまがいのアンケートを受講者から突きつけられることがあります。

酷い点数とともに「研修の内容は、自分の知っていることばかりでした」などとコメントされると、さすがに一瞬落ち込みます。

ただ、その受講者は他の研修でもそのようなことを繰り返していて、勤務先でも手を焼いている人だということが判明することも多いです。

モンスタークライアントとつき合うことほど勿体ない「時間の使い方」とはありません。その時間があるのであれば、もっと必要としてくれるクライアントと出会うための時間に充てるほうが、賢明な「時間の使い方」と言えるのではないでしょうか。

次に**「決断」すべき「タスク」は、「第Ⅲ領域」です。**

先程のプレイングマネージャーAさんの「第Ⅲ領域」は、次のようなものでした。

①（不規則に）食事をとる　7時間
②（急な）部下からの相談に対応する　5時間
③部下から提出された日報をチェック・コメントする　3時間
④スタッフからの電話やメールに対応する　2時間
⑤会議の議事録を作成する　2時間
⑥意味のない会議に出席する　2時間
⑦内科で風邪の診察・処方をしてもらう　1時間

まず、「第Ⅲ領域」の「タスク」の特徴として、「ちょっといいですか」「とりあえずやっておいて」「念のためやっておいて」と、誰かに言われて発生する仕事が多いということを理解しておく必要があります。

Aさんの場合も、上司や部下に声を掛けられたことによって、発生してしまった「タスク」が多そうです。

このような事象に対して、ピーター・ドラッカー博士はこのように言っています。

「できる人は、『ノー』と言う。『これは自分の仕事ではない』と言えるのだ」

仕事のできる人は、「重要度」の高い「タスク」に集中しているものです。一見、**「緊急度」が高そうな「タスク」でも、あなたにとって「重要度」の低い「タスク」は「決断する」必要があります。**

ただ、上司から依頼された仕事について、いきなり「決断する」なんてことは提言できないという人もいるでしょう。

その場合は、「一旦やめて、様子を見ませんか」という提言の仕方をおススメします。そして、実際にやめてみてください。多くの場合、やめても仕事の結果には何ら影響がなかったことに気づくはずです。

「決断する」かどうか判断に迷ったときは、「このまま継続したときの悪影響」と「これを決断したときの悪影響」を比較してください。

しかし、「決断したときの悪影響」のほうが大きいということはまずありません。

ピーター・ドラッカー博士はこのようにも言っています。


「する必要のまったくない仕事、時間の浪費である仕事を見つけ、捨てなければならない。すべての仕事について『まったくしなかったときに何が起こるか』を考えればよい。『何も起こらない』が答えであるならば、その仕事は直ちにやめるべきである」


ただし、「決断する」ことだけを考える必要もありません。「タスク」の中には、その意味づけを変えれば、「第Ⅱ領域」にシフトさせることができるものも多いはずです。

一方、厄介なのが、「緊急」に見えているだけの「第Ⅲ領域」と「重要」に見えているだけの「第Ⅰ領域」の「タスク」です。

ピーター・ドラッカー博士は、

「もともとやるべきでなかったことを効率よくやることほど、非効率なことはない」

とも言っているのですが、「第Ⅰ領域」や「第Ⅲ領域」に分類した「タスク」の中に、「もともとやるべきではなかったこと」が含まれてしまうことはよくあります。

そこで、**「第Ⅰ領域」と「第Ⅲ領域」に分類した「タスク」1つ1つに対して、「そもそもこのタスクをやることによって、どのようなことを解決（実現）したいのか」と自問自答することを「習慣」にしてみてください。**

これによって、その「タスク」を遂行しなければならない真の「目的」に立ち返ることができます。

「目的」が再確認できたら、ゼロベースでその「目的」を達成するための手段を再検討していきます。結果として、その「タスク」が最適な解決策ではないことに気づくこともあるでしょう。そのときは、別の「タスク」に置き換えていくようにします。

また、行うことが目的化してしまった「タスク」についても、根本的に見直すべき対象となります。例えば、毎週行うことが目的化してしまっている面談や会議などがそれに該当します。

では、あなたが記入した「第Ⅰ領域」「第Ⅲ領域」の「タスク」について、

・根本的解決を図る最善の解決策と言えるか
・手段の目的化に陥っていないか

の観点で見直してみてください。

もし、その答えが「ノー」であれば、「決断する」か新たな「タスク」に置き換えていきましょう。

では、付箋紙に書き出した「第Ⅲ領域」と「第Ⅳ領域」の中で、あなたが「決断する」ことができた「タスク」を赤ペンで二重線を引いて消してしまいましょう。重要なことだけに囲まれて生きるために、あなた自身が「決断する」のです。

コラム　「探しもの」をする時間をなくす

英国の民間保険会社が成人男女3000人に行った調査によると、**人は1日平均9**

個の探しものをしていて、1日平均10分もの時間を探しものに「消費」されているそうです。これは一生に換算すると、153日分になります。

「第Ⅲ領域」に出てきた「使途不明時間」の大半は、この時間なのではないかと推測できます。

つまり、身の回りのモノ（物・情報）を「決断する」ことで、探しものに「消費」される時間を減らしていくことが、「ROT（時間生産性）」を向上させる上でとても重要だということです。

私が大好きな本の1つに、大ベストセラーにもなった『人生がときめく片づけの魔法』（サンマーク出版）があります。

著者の近藤麻理恵さんは、「片づけはマインドが9割」と言っていて、そのマインドを身につけるためには、「一気に、短期に、完璧に片づける」「まずは『捨てる』を終わらせる」ことが大切だと言っています。また、モノを捨てる前に、「理想の暮らし」を具体的にイメージすることが大切だとも言っています。

私は、これらが、探しものに「消費」される時間を減らすための原点だと考えています。

あなたも「理想のオフィスワーク」を具体的にイメージしてみてください。

例えば、**「オフィスデスクがなくても、今まで以上に生産性の高い仕事ができるようにするためには、どのようにすれば良いか」をイメージして、それを前提とした仕事環境を整えることを考えましょう。**

実際、私自身、自分のオフィスデスクを持たなくなり1年以上が経ちましたが、不便を感じるどころか、「ROT（時間生産性）」は高まるばかりです。

自分のオフィスデスクがない前提で、さまざまなことについて「決断する」ことを推進したので、ムダなものがなくなり、探しものに時間を「消費」されることはまったくなくなりました。

仕事環境を整える上では、「書類」と「ファイル」の管理方法に工夫することが必要不可欠です。

書類は、「残す必要のあるもの」と「残す必要のないもの」を即断即決しましょう。

「残す必要のないもの」は、容赦なく捨てます。

「残す必要のあるもの」については、原則、「データで保存する」ことを前提にし、必要最小限の書類だけ「紙で保管する」を選択しましょう。「紙で保管する」場合は、机の上に積み重ねず、必ず立てて保管するようにします。

また、書類をスキャナーもしくはカメラでデータ化して保存する場合は、ファイルの名前を「ルール化」しましょう。

私は、**「日付（6桁）＋書類の種類（企画書・請求書など）＋顧客名」で管理する**ことをおススメしています。このルールは、すべてのデータファイルに統一して適用させないと意味がありませんので、その点も注意してください。

データの保存方法については、クラウドの活用が必須だと考えています。

One Drive や Dropbox などのクラウドを活用し、どのＰＣやスマホからでもデータにアクセスし、一定レベルで仕事ができる環境を保てるようにしておきましょう。

ステップ④

タスクを仕組み化する

「第Ⅳ領域」以外の3つの領域について、「仕組み化する」ことを考えます。

「仕組み化」とは、人の能力・スキルに依存しないシステムをつくることです。つまり、「誰が」「いつ」行っても、同じ結果が出せるという再現性の高い状態をつくることです。

「仕組み化する」対象は、「第Ⅳ領域」以外の領域の「タスク」の中で、「毎月1回以上行っている業務」「今後3回以上行う可能性の高い業務」すべてになります。

また、**あなた以外にも多くの人が必要としているもの**かどうかも、「仕組み化」すべき「タスク」かどうかを決める1つの指標です。

例えば、クレームが起きやすいという問題があったとき、その要因のほとんどが人為的なミスなのであれば、それは「仕組み化する」必要があるということになります。

クレームが発生すると、通常業務に加え、そのリカバリー作業と謝罪に時間が「消費」されることになります。そのため、クレームの予防については、最優先で「仕組み化する」ことが必要です。

クレームは、お客様の期待に対してこちら側の提供価値が低い場合に起こりますので、あらかじめ期待値を現実的なレベルまで下げておく「仕組み化」や付加価値を高める「仕組み化」が必要です。前者の場合は、申込書の書面にあらかじめ提供価値の範囲・レベルを明記しておくことなどが考えられるでしょう。

また、「仕組み化する」については、ＩＴツールを活用することも非常に効果的です。名刺のデータ化、メルマガ配信、会議議事録の作成などは、ＩＴツールによって、すべて「仕組み化する」ことができるはずです。

今一度、あなたの「タスク」の中で、システムやＩＴツールを活用することで軽減もしくは削減できるものがないか、見直してみましょう。

仕組み化する（例）

・見積書と請求書のフォーマットを統一し、連動させる
・問い合わせの電話を営業部ではなく、コールセンターで一括受付する

ステップ⑤
他の人に任せる

次に、「第Ⅳ領域」以外の3つの領域の「タスク」の中で、あなたがやらなければならない理由がないものはすべて、あなた以外の人に「任せる」ことを考えましょう。

つまり、あなたでなくてもできる「タスク」については、他の人に委託・委譲・委任してしまいましょうということです。

特に、

・「あなたの理想の人生時給」よりも低い金額でアウトソーシングできるもの
・あなたが行うよりも専門家に任せたほうが、「ROT（時間生産性）」の向上が期待できるもの

については、積極的に他者に「任せる」ことを選択しましょう。

他の人に「任せる」ことで結果を出すためには、2つの前提条件があります。

１つ目は、**任せたい「タスク」について、できる限り「単純化」しておくこと**です。

２つ目は、**任せたい「タスク」を遂行するための「マニュアル化」ができていること**です。

まずは、あなたの「タスク」について、「単純化」を図りましょう。大学生のアルバイトや新入社員にでもできるレベルまで、「何をどのようにすれば良いか」を徹底的に考えることが、「ＲＯＴ（時間生産性）」を高めることに繋がります。

その上で、あなたの「タスク」の遂行手順を「マニュアル化」していきましょう。あなたがいなくても、その仕事が回るように「仕組み化」することが、「任せる」ということです。

会社に勤めている場合、勝手に自分の「タスク」を同僚や後輩に「任せる」ことは難しいと感じるかもしれません。ただ、そもそもあなたは、自分の「タスク」を同僚や後輩に「任せる」という考えをこれまで上司に相談したことがあるでしょうか。

あなたの「タスク」を同僚や後輩に任せることで、組織全体の「ＲＯＴ（時間生産性）」が高まるのであれば、仕事ができる上司なら反対しないはずです。まだやってもないことを諦めたりせずに、ぜひ上司に相談・提言してみてください。

この「任せる」ことをアドバイスすると、よく言われることがあります。それは、「人に任せるために教える時間を考えたら、自分でやってしまったほうが早いのではないか」という意見です。

これは短期的に見れば、その通りかもしれませんが、中長期的に発生し続ける「タスク」なのであれば、人に「任せる」ことのほうが効率的であることは明白です。

また、**「任せる」ことで、「任せられる」側の人の能力だけでなく、「任せる」側のあなたの能力も確実に向上します。**人は、教えることで成長し、役割や責任をもらうことでも成長するのです。

あなたが抱え込んでいる「タスク」の中で、あなたでなくてもできるものは何ですか。それを思いきって、他の人に「任せる」準備をしましょう。

任せる（例）

・自宅の家事を代行会社に任せる
・中途新人の教育を新卒3年目社員に任せる

ステップ⑥
「他の人」の「他のタスク」とコラボする

次に、「第Ⅳ領域」以外の３つの領域の「タスク」について、「コラボする」ことで「ROT（時間生産性）」を高めることを考えます。

「コラボする」とは、**同じ課題を抱える仲間と協力し、それぞれの「タスク」を分担する**ことです。分担することで、各自の負担の軽減ができるだけでなく、各チームメンバーのノウハウが交換できるなど、相乗効果が期待できます。

あなたの「タスク」を誰かとシェアすることで、「ROT（時間生産性）」を高めることを考えるのです。

これを成功させるためには、前提条件が１つだけあります。

それは、社内外にコラボできる仲間を持っていることです。仲間は、一朝一夕でできるものではありません。あなたに協力してくれる仲間を見つけやすくする環境を常日頃からつくっておくことが大切です。

例えば、営業マン時代の私は、社内の飲み会の幹事を務めた回数も、実は会社記録だったのではないかと思うくらい、率先して務めていました。また、営業部内の飲み会だけではなく、営業部と密に連携する必要のある部署との合同飲み会も数多く主催していました。

幹事という仕事は、一見、面倒くさいことが多く、実際、仕事に投資できる時間は減るのですが、その投資対効果は非常に大きいものがありました。このプロセスで培われた人間関係は、失った時間の何倍もの成果を仕事にもたらしてくれました。

人との信頼関係は、あなたの「ROT（時間生産性）」を最大化させる武器になります（第6章参照）。

また、私は現在、いくつものコミュニティーを主宰しています。

例えば、ナシゴレン（74-5連）という1974～75年生まれの経営者の会の発起人も務めています。2ヶ月に1回ペースでゆるく運営していますが、口コミだけで、Facebook上の登録者は500名を超えるコミュニティーに成長しました。

毎回数十名の同世代経営者が、企業の大小に関わらず、同世代だというだけで初対面から打ち解けられます。そして、そこからビジネスマッチングやジョイントベンチャーが生まれています。

私のような極度の人見知りでも、同世代の有名社長や上場企業の経営者とも心の交流をさせてもらっています。

また、銀座の自分のオフィスを11名の経営者・個人事業主とシェアしてコラボオフィスを運営したり、大学のサークルの同期会や古巣のパソナやリクルートの同期会・OB会の幹事も積極的に務めたりしています。

もともと、これらについても損得勘定なく始めたことですが、結果的に、必要なときに必要な人と出会える人生を歩めているのは、これらの人間関係がすべての土台になっています。

私は、「経営者なのに世話好き」という希少性のある強みを持っていたので、「コミュニティーをつくる」という「戦略」と、「幹事を積極的に務める」という「戦術」を選択してきました。

ただ、あなたが何を武器とするのかは、自分の意志で決めてください。そして、それを活かす「戦略」「戦術」を選択することで、「タスク」の負担軽減や相乗効果を目指してください。

余談ですが、私は、最高の時間術を身につけるためにも、20代、30代の人には、飲み会の幹事を率先して務めることを強く推奨しています。

飲み会の幹事というのは、1つのプロジェクトリーダーと役割は同じで、最高の段取り力が求められるので、「時間の使い方」を工夫する姿勢が身につきます。

コラボする（例）

・各チームで行っている勉強会を、隣のチームと合同開催する
・重要な商談については、営業にエンジニアが同行してヒアリングする

ステップ⑦
一石二鳥を狙う

さらに、「第Ⅳ領域」以外の３つの領域の「タスク」について、「一石二鳥を狙う」ことを考えましょう。

「一石二鳥を狙う」とは、**１つの「タスク」で複数の効果を得る**という考え方です。

２つの「タスク」を同時進行させて、結果を出そうとすると「二兎追うものは一兎も得ず」になります。そういった「マルチタスク」のやり方とはまったく異なりますので、誤解しないようにしてください。

あくまでも「シングルタスク」、一度に遂行する「タスク」は１つです。

『ＳＩＮＧＬＥ ＴＡＳＫ 一点集中術』（ダイヤモンド社　デボラ・ザック著）によると、さまざまな研究結果から、「**脳は一度に２つ以上のことに集中できない**」ことが結論づけられています。

例えば、スタンフォード大学の神経科学者エヤル・オフィル博士の見解が次のように紹介されています。

「人間は実のところマルチタスクなどしていない。タスク・スイッチング（タスクの切り替え）をしているだけだ。タスクからタスクへとすばやく切り替えているだけである」

また、ハーバード大学の研究によると、次のように言われています。

「あたふたとせわしなく働いている社員たちは1日に500回も注意を向けるタスクを変えるが、最も能率の高い社員たちは注意を向けるタスクを変える回数がむしろ少ない」

確かに、私の周りでも、仕事中にPCで起動させているアプリケーションの数が多い人ほど、「ROT（時間生産性）」が低い傾向にあります。

特に男性は、「マルチタスク」は避けなければなりません。脳の構造上、男性脳を持つ人のほうが「マルチタスク」を苦手としているからです。

逆に言うと、「シングルタスク」で仕事を進めたときに、「ROT（時間生産性）」の飛躍的向上が期待できます。

まずは、今行っている複数の「タスク」を1つの「タスク」にできる方法がないかを考えてみましょう。「まとめて行う」ことや「ついでに行う」ことなどが考えられます。

一石二鳥を狙う（例）

・ランチタイムにパワーランチをする（顧客との商談、部下との面談などのビジネスミーティングを行う）
・移動時間に読書やオーディオブックで学習する
・入浴中にストレッチ、筋トレする
・入浴中に録画したテレビ番組、ＤＶＤを観る
・Ａ社に訪問するついでに同じエリアのＢ社、Ｃ社にもアポを取る

ステップ⑧
マイルールをつくる

あなたが遂行している「タスク」が中断されるリスクを回避し、目の前の「タスク」に集中できる状態をつくります。

遂行している「タスク」が中断されてしまう理由には、2つのパターンがあります。**「自分の内側に問題がある」**パターンと**「他の協働者に邪魔される」**パターンです。

まず、1つ目の**「自分の内側に問題がある」パターンというのは、自分の中で明確な判断基準を持っていないことによって起こります。**明確な判断基準がないために迷い、意思決定に時間が掛かり、「タスク」が中断されるというものです。

アメリカの心理学の研究によると、人は1日におよそ6万回の思考・判断をしていると言われています。睡眠時間を除くとほぼ毎秒、何かを考えている計算になります。そして、ほとんどの人がその6万回のうち、95%は昨日と同じことを考えていて、

80%はネガティブなことを考えているそうです。

つまり、私たちは、判断に迷ったり、落ち込んだりすることに対して、1日のかなりの時間を「消費」されているのです。

このような時間の「消費」を回避するために、まずは**自分の中で判断基準を「ルール化する」**ことをおススメします。あなたの「タスク」遂行が中断されないようにするためのマイルールをつくるのです。

成功している経営者は、シンプルかつパワフルなマイルールを持っているものです。スティーブ・ジョブズ氏が、服を選ぶことに時間を消費されないようにするために、いつも同じ服を着ていたことも1つのマイルールと言えます。

また、私がこれまでお世話になってきた、尊敬する経営者もそうでした。パソナグループの南部靖之代表は、「迷ったらやる」というマイルールを行動規範として掲げています。

マイルールをつくる（例）

・飲み会の2次会には行かない
・ビジネス関係者の誕生日パーティーには行かない
・週末のゴルフには行かない
・テレビを観るときは、リアルタイムでは観ない
（録画したものを観ることで、CM時間を短縮し、ダラダラ観続けることも防げる）
・メールチェックは隙間時間に行い、メール返信は決めた時間にのみ行う

遂行している「タスク」が中断されてしまう2つ目のパターンは、「他の協働者に邪魔をされる」というものです。

実際、管理職向けの目標達成研修の中で、最も多く相談される内容は、「自分は計画立てて仕事をしているのに、部下から相談される度に仕事が中断されるので、計画通りに仕事が遂行できない」というものです。

この問題の本質は、相談された側の上司が「邪魔された」と感じているこの事柄について、相談している側の部下は何とも思っていないことです。部下が何も考えずに質問や相談をしていることや、人から時間をもらうことの重大さを充分に認識してい

ないことが問題なのです。

この場合は、**「ルール化する」だけでなく、協働者にそのルールを共有しておく**ことが大切です。

例えば、私であれば、「相談受付タイム」というものをあらかじめ設けて、「相談は、相談受付タイムにする」ように部下に指示をします。ただし、「90秒以内に返答できることについては、いつでも質問・相談ＯＫにする」という特別ルールも明示します。

また、「ホウレンソウ（報告・連絡・相談）のときのルールも明文化する」ことで、効率的に指示・助言できる状態をつくります。

例えば、

・すべて「結論から話す」
・「報告」では、「客観的事実」を伝える
・話す時間は「3分間以内」

そもそも適切な指示・助言ができるだけの情報を部下が持ってこないということが

多々ありますので、それを防ぐ効果もあります。

協働者にルールを共有する（例）

- 相談受付タイムを設けて、告知しておく
- 90秒以内に対応できる仕事のみ即時対応する
- ホウレンソウ時のルールを共有しておく
- 社内メールの場合は、宛名と挨拶文は不要とする
- 緊急対応が必要なホウレンソウは、電話で連絡する

コラム　メール管理を「ルール化する」

「ROT（時間生産性）」を高める上で、最も即効性のある施策の1つが、メール管理を「ルール化する」ことです。

意外なことに、社内メールにムダな時間を「消費」されていることが多いようです。

社内メールの「ルール化」は、次の5つをおススメしています。

１つ目は、「メール対応は、あらかじめ決めた時間にしかしない」というルールです。

特に、早朝のゴールデンタイムにメール対応に追われることは、時間のムダの極みです。あらかじめ1日3回程度に分けて時間を決めて対応するようにしましょう。

私の場合、メールチェックは「隙間時間」だけに行い、返信するメールにだけ「フラグ」を立てるようにしています。メール返信は、あらかじめ決めている時間にPCで行うようにしています。本来、メールは、時間のあるときに対応すれば良いものです。すべてのメールに即レスする必要などまったくありません。

２つ目は、「挨拶文は不要」というルールです。

「おつかれさまです」「〇〇部の△△です」のような挨拶文をなくすだけでも、メール返信に「消費」される時間は削減できます。

３つ目は、「メールの件名の頭に【要返信】【緊急】【重要】などを入れる」というルールです。

一目で、優先順位が明確になるので、お互いにメリットが大きいです。また、本当に緊急なものは、電話やチャットツールでやりとりするというルールを設けることも有効です。

4つ目は、「時間があれば読んでねというレベルのメールは、CC:に入れて送る」というルールです。

管理職になると、1日に100通を超えるメールが飛び交うこともあるでしょう。効率的にメールチェックできるようなルールを工夫してみましょう。

5つ目は、「お互いのスケジュールを公開しておく」というルールです。

最も時間が「消費」されやすい社内メールの内容は「時間調整」です。そもそもお互いのスケジュールがフルオープンになっていれば、その確認・調整に「消費」されていた時間を削減することができます。

公開されているスケジュールの中で、空いている時間帯には、勝手に会議、面談、営業同行などの予定を入れてもOKということをルール化してしまうのです。こうすることで、勝手に予定を入れられないように、主体的に予定を組むようになります。結果的に、「スケジュールの組み方」「時間の使い方」に対する意識も高まります。

これらを社内ルールとして周知させていくプロセスそのものが、組織の「ＲＯＴ（時間資産性）」を高めることにも寄与することでしょう。

顧客などからの社外メールに関しては、こちらのルールを押しつけられないケースも多いと思います。そこで、自分の中でルールを決めて、顧客に「あなたの時間がいかに貴重なものであるか」を示唆しておくことをおススメします。

具体的には、「何でもかんでも即レスしない」「あえて深夜にメールする」というものです。

もちろん顧客に迷惑を掛けたりすることは避けなければなりませんが、実際、営業担当に依存してくる顧客も多いです。少し調べれば済むことや前に伝えていることを何度も確認してくる顧客もいます。

あなたが営業職なのであれば、お客様を育てるのも営業の仕事だと理解し、顧客からのメールや電話のすべてが「重要」なタスクだと思い込まない冷静さも大切です。

ステップ⑨

ルーティン化して早く確実に行う

イチロー選手が、試合当日の1日の過ごし方を「ルーティン化」していることは有名な話です。イチロー選手は、チームメイトの誰よりも早く球場入りして試合の準備を始め、試合後は自分でグラブを磨きながら、その日の試合を内省します。

イチロー選手が凄いところは、試合中も「ルーティン化」を徹底しているところです。打席に入る前からバットを構えるまでの動きが常に同じで、1打席目と2打席目の映像を重ね合わせてもほとんどブレがないほど精度の高い「ルーティン化」を行っています。

イチロー選手が「行動」の「ルーティン化」にこだわる理由は、一定のリズムで試合に臨むことで、試合により集中することができるためです。

毎日同じ時間に同じ場所で同じことをやり続ける「ルーティン化」により、無意識でもそれが実践できるレベルまで「習慣化」させているのです。「習慣化」のプロセスで体に強く刻み込まれた技能記憶は、絶対に忘れることはありません。

「ルーティン化」することで、「心技体」をベストの状態にし、最高のパフォーマンスを発揮できる状態をつくっているわけです。

あなたも最高のパフォーマンスを発揮するために、**あなたの１日の「タスク」のほとんどを「ルーティン化」できないか試してみましょう。**

まず、毎日もしくは毎週定期的に行っている「タスク」を「ルーティン化」し、先にスケジュールに組み込むようにしてください。これが「大きな石から入れる」ということ（131ページ参照）です。

また、その際は、ビジネスの場面の「ルーティンワーク」と呼ばれるものだけでなく、プライベートの「タスク」も含めて「ルーティン化」し、予定に組む込むようにしましょう。

ステップ⑩
タスクの時間を短縮する

ここまで紹介してきた、「ROT（時間生産性）」を高めるための「戦術」をすべて試した上で、最後にようやく「短縮する」ことを考えます。つまり、2時間掛けていたものを1時間に「短縮する」ようなことを目指すのは最終手段ということです。最後のステップにしている理由は、「もともとやるべきでなかったことを効率よくやることほど、非効率なことはない」というピーター・ドラッカー博士の言葉に集約されます。**「短縮する」必要のない「タスク」について、時間短縮を試みる時間は、そのものが勿体ないのです。**

時間短縮のためには、「遊び心（ゲーム感覚）」を最大限活かすことが大切です。例えば、「この作業は45分間で終わらせる！」と自分に宣言をしてから「タスク」に取り掛かり、スマホのストップウォッチ機能を使って時間を計測します。宣言した時間と実際に完了させるまでに掛かった時間が5分以内の誤差であれば、自分にご褒美を与えます。

人は期限を設けたほうが本気で取り組めますし、どれくらい時間が掛かるのかを正しく知っておくことは「ＲＯＴ（時間生産性）」を高める上で必ずプラスになります。

また、この「短縮する」を成功させるためには、「心技体」を磨き続けることが絶対に必要です。

剣豪で知られる宮本武蔵は、「千日の稽古を鍛とし　万日の稽古を練とす」と言っています。

１つの「技」を完全に自分のものにするには、ひたすら毎日繰り替えし稽古に励むしか道はありません。

「心技体」を磨き続ける時間を確保するためにも、あなたの「時間の使い方」を徹底的に見直す機会にしてください。

コラム

会議を短縮する

日本経済新聞 電子版の調査（２０１６年10月）によると、「あなたが日本で残業が減らない最も大きな要因は何だと考えますか」という質問に対する回答は、「非効率的な会議や資料作成が多い」が最も多く、全体の31・６％を占めていました。

また、スリーエムジャパン株式会社が、全国の25歳から45歳の正社員男女７６１名を対象に実施した『仕事に関するアンケート』の集計結果（２０１７年２月）によると、１週間で会議に費やしている平均時間は４・３時間でした。これは、年間で計算すると１５９・１時間にもなります。

これらのデータを見る限り、会議や資料作成に「消費」されている時間を「短縮する」ことができれば、「ＲＯＴ（時間生産性）」は大幅に高めることができそうです。

実際、会議の効率性とその組織の「ＲＯＴ（時間生産性）」は比例関係にあるというのが、コンサルタントとしての私の実感です。

会議の効率化を図る方法については、ここまで説明してきた「時間の使い方」を見直すための10のステップをそのまま活用することができます。

【ステップ①　分析する】【ステップ②　優先順位を見直す】

現在、出席している会議の数、時間を計算し、それに見合った価値を得ているかを確認する

本来、「価値」のある会議というのは、「第Ⅱ領域（緊急ではないが重要）」のはず。「第Ⅱ領域」以外の領域に該当してしまう会議が存在しないか確認する

【ステップ③　決断する】

定例開催することが目的化している会議については、「断つ」ことを決める。もしくは議題のあるときだけ開催する

そもそも会議を開催しなくても解決できることについては、他の選択肢を選択する

【ステップ④　仕組み化する】

会議の議事録作成を「仕組み化する」方法を考える

例えば、議事録を複数のメンバーが同時に編集できるGoogleドキュメントを積極的に活用する

また、会議の音声録音と文字起こしをしてくれるスマホアプリ「Recoco」を活用する

【ステップ⑤ 任せる】

若手社員に会議のファシリテーター役を「任せる」ことで、成長も促す

【ステップ⑥ コラボする】

会議を隣のチームと合同開催することや、会議に他部署から特別ゲストを呼ぶことなどで、会議をより有意義な場にすることを考える

【ステップ⑦ 一石二鳥を狙う】

ランチタイムに、事前に購入した弁当を持ち込んで、ランチミーティングにする

日報・週報の内容を定例会議内で報告させることで、日報・週報を廃止する（部下が作成する時間と上司がチェックする時間の両方を削減する）

【ステップ⑧ ルール化する】

会議においては、次のようなことを「ルール化する」ことが有効

・参加者を7名以内に絞る

・遅刻をしないこと（必ず定刻に始め、時間内に終わること）

・アジェンダや議事録をグループウェアや社内ＳＮＳ上に公開する
・原則、アジェンダはＡ４サイズ１枚にまとめる
・事前にアジェンダに目を通した上で参加する
・すべての議題が事前に可決された場合は流会する
・会議の目的〈発散〈意見を出し合う〉・収集〈意見を集める〉・収束〈結論を出す〉〉を明確にする
・管理職は、メンバーに対して「否定」「命令」をしない（ただし、「拒否権」は持つ）

【ステップ⑨　ルーティン化する】

最低半年分の会議日程を先に予定に組み込みむ

【ステップ⑩　短縮する】

それぞれの会議の時間を「短縮する」ために、他にできることがないか検討する

私が会社員時代に在籍した株式会社リクルートマネジメントソリューションズは、会議の効率性が非常に高い会社でした。

当時から尊敬する先輩で、現在はリクルートワークス研究所の副所長をされている中尾隆一郎さんは、会議の「開始前」と「終了時」にそれぞれ次の3つの確認事項を設けているそうです。ぜひ、参考にしてください。

【会議開始前】

① ゴールイメージ（会議終了時に何を得たいのか）

② アジェンダ（説明・意見交換・結論・今後の予定・役割分担をどう組み立てるか、それぞれ何分使うか）

③ 会議の種類（「発散（意見を出し合う）」「収集（意見を集める）」「収束（結論を出す）」のどれを目的とするのか。アジェンダの各項目ではどうか）

【会議終了時】

① 決定事項（これからやることは何か）

② 今後のスケジュール（決定事項を誰がいつまでにやるのか）

③ 最終目的の再確認（1つの会議だけではなくて、一連の会議（プロジェクト）を通して何をするのか）

第5章

時間の投資先を決める

本書のタイトルにある「仕事ができる人」というのは、「目標達成し続ける人」でなければなりません。どれだけテキパキ仕事をこなしていても、会社から与えられた「目標」を達成し、周囲の期待に応えることができていなければ、「仕事ができる人」という評価を獲得することはできません。

本書を読んでいただいている方の中には、「一生懸命やっているのに、なぜ結果が出ないのだろう」と袋小路に入ってしまっている方もいるでしょう。

しかし、一生懸命やるのは「アタリマエ」ということを理解しなくてはなりません。その上で、**一生懸命のやり方が間違っているという事実にも向き合わなければなりません。**すなわち、それは、**成果に繋がる「行動」が選択できていない**ことを意味します。

この章では、あなたの限られた時間をどのような「行動」に投資すれば良いかを考えていきます。

◎「行動」を変える6ステップ

ステップ①「目的」「目標」「戦略」「戦術」の違いを理解する

ステップ②「目標達成シナリオ」を描く
ステップ③８つの「戦略」を描く
ステップ④64の「戦術」を描き、10に絞る
ステップ⑤周囲に公言する
ステップ⑥ＰＤＳＡサイクルを最速で回す

ステップ①

「目的」「目標」「戦略」「戦術」の違いを理解する

ＮＨＫの大河ドラマには、『風林火山』の山本勘助、『天地人』の直江兼続、『軍師官兵衛』の黒田官兵衛など、軍師にスポットライトを当てた作品が多いです。軍師は、地形図を頼りに「兵糧攻め」「水攻め」「奇襲」などの作戦を立て、ときには戦場の高台から一望して敵の弱点を見抜き、戦況を一変させます。

名将の陰に軍師あり。優秀な軍師は、「目的」「目標」「戦略」「戦術」の違いを正しく理解しています。その上で、戦の「目的」「目標」を兵士にまで周知させ、効率的かつ効果的な「戦略」「戦術」を選択していきます。

このようにして兵士の「行動」を指揮しやすい体制を整えているのです。

「目標」や「戦略」は、会社や上司から与えられるもの、示されるべきものという固定観念があるかもしれません。

しかし、そのような働き方でも通用する時代は、あと数年で終焉を迎えることでしょう。これからは、あなたがあなた自身で「目標」や「戦略」を描き、自分の人生をデザインしていく時代です。

本書ではこれまでにも、「目的」「目標」「戦略」「戦術」という言葉が何度も出てきましたが、ここで改めて、これらの言葉を私なりに定義しておきたいと思います。

「目的（Purpose）」

「目標」の存在意義・不変の理由
「何のためにやるのか（Why）」
「どうありたいか（How to be）」

「目標（Goal/Target）」

「目的」を果たすために達成すべき明確な指標
「いつまでにやるのか（When to do）」
「どれくらいやるのか（How much）」
「何を目指すか（What to aim for）」

「戦略（Strategy）」

効率的かつ効果的に「目標」を達成するための方針

資源配分の方針

「何をやるか（What to do）」

「戦術（Tactics）」

効率的かつ効果的に「戦略」を遂行するための具体的な手段・手法

資源活用の方法

「どのようにやるか（How to do）」

山登りに例えると、次のように言えます。

「目的」＝「登山をする理由そのもの」

「目標」＝「いつまでに山頂や中間地点まで登るのか」

「戦略」＝「どのルートで登るのか」

「どのようなメンバーで登るのか」

「どのような時間配分・計画で登るのか」

「戦術」＝「各メンバーがどのような役割を遂行するのか」

「各メンバーがどのような順番・配列で登るのか」

「どのような服装・装備で登るのか」

さらに、「英語の勉強」という身近なケースで、これらの違いを整理してみましょう。

「目的」＝「国際線のCAになって海外を飛び回り、外国人乗務員と楽しく仕事する」

「目標」＝「就活が始まるまでに、TOEIC700点を取得する」

「戦略」＝「1日5時間、テキストを中心に独学で勉強する」

「戦術」＝「通学中の車内で、英単語の音声を聴いて、その日本語の意味を考える」

「文法テキストを1日1単元ずつ進める」

「週末に、本番同様に時間を測って、公式問題集を解く」

このように、**「目的」→「目標」→「戦略」→「戦術」の順で考えた上で、具体的な「行動」を起こすことが大切になります。**これが時間の投資先を決めるということです。

ステップ②

「目標達成シナリオ」を描く

第1章では、「パッション」「ミッション」「ビジョン」を言語化することで、あなたの仕事の「目的」を明確にしました。本章では、あなたの「目標」を明確にし、「目標達成シナリオ」を描きます。

まず、良い「目標」は、次の5つのポイントを押さえていると言われています。

① Specific（具体的である）
② Measurable（測定可能である）
③ Attractive（やりたくなる）
④ Result-based（成果に基づいている）
⑤ Time-bound（期限が明確である）

これらの頭文字をとって、「ＳＭＡＲＴ」とも言います。

私は、これらに加えて、「『影響の輪』の範囲内である」ことも重要な要素だと考えています。

「影響の輪」とは、「あなたの関心事の中で、あなたが影響を及ぼすことができる領域」のことです。

例えば、プロ野球選手として、「20勝すること」や「打点王を獲得すること」を「目標」に掲げる選手がいますが、私はそれらを良い「目標」だとは思いません。

なぜなら、20勝できるかどうかは、自分がピッチングを頑張るだけでは実現できないことだからです。チームメイトが1点も取ってくれなければ、勝つことは難しいでしょう。打点王についても同様で、チームメイトが出塁してくれなければ、自分がどれだけ打っても打点を稼ぐことはできません。ですから、「影響の輪の範囲内ではない」と考えられます。

その点において、自分が頑張りさえすれば結果に影響を及ぼすことのできる「防御率を2点台にする」や「打率3割を打つ」という「目標」のほうが良い「目標」だと考えています。

また、私が1万人以上の営業職の方に対して研修を行う中で気づいたことがあります。それは、目標達成できない人は、会社から与えられた「目標」を「ノルマ」や「夢」として捉えているということです。

「ノルマ」を主体的に捉えたものが「目標」であり、「夢」に日付を入れたものが「目標」なのですが、目標達成できない人は、その考え方を持てていませんでした。

一方、超一流のアスリートは、小学生の頃からこれらを理解しています。

プロ野球のイチロー選手、サッカーの本田圭佑選手、テニスの錦織圭選手などの小学校の卒業文集を読むと、小学生の頃から「目的」と「目標」を明確に意識し、目標の達成に向けて主体的に努力していたことがうかがえます。

例えば、本田圭佑選手の場合、

目的：大金持ちになって親孝行すること
目標：世界一のサッカー選手になる
　　　ワールドカップで有名になる
　　　セリエAのチームの10番として活躍する

年俸40億円の選手になる
日本代表の10番として活躍する
ワールドカップの決勝でブラジルと対戦し、2対1で勝つ

伝えています。

ナポレオン・ヒル博士も、「目標の明確化が夢の扉を開く」と、「目標」の大切さを伝えています。

「目標達成シナリオ」は、「長期（50年間）」「中期（7年間）」「短期（半年間）」の3つのアプローチで作成します。「長期」「中期」「短期」の順番で、それぞれの「最終目標」から逆算して描いていくことがポイントです。

ソフトバンクグループ創業者の孫正義さんは『人生50年計画』として次のようなシナリオを描いています。

20代で名乗りを上げ
30代で軍資金を最低で1000億円貯め

40代でひと勝負し
50代で事業を完成させ
60代で事業を後継者に引き継ぐ

私は就活生だった頃、これをヒントに自分の「目標達成シナリオ」を描きました。

当時、「32歳で起業独立する」ことを「目標」にしていたので、そのために必要な資源（マネジメント力・営業力・人脈）を得られる会社かどうかが就職先を決める基準でした。大手企業に入社することが成功とされていた超就職氷河期の最中、私はベンチャー企業だけに絞って就職活動を行う「戦略」で、パソナ、ソフトバンク、カルチュア・コンビニエンス・クラブ、ナムコ（現在のバンダイナムコ）などの内定を獲得しました。

大手企業で歯車のひとつになるよりも、ベンチャー企業で大きな仕事を任せてもらうほうが、自分が速く成長できると考えたのです。

その後、26歳でリクルートグループに転職した私は、「目標」をさらに細かく逆算して立てるようになりました。「32歳で起業独立する」という「目標」を達成するためには、「自分自身をブランディングする」という「戦略」が必要だと考え、そのためには、「退職するまでリクルートグループで前人未到の営業表彰記録をつくる」という「目標」を達成することが必要不可欠だと考えました。さらにそのために、「29歳には、営業ＭＶＰを獲得する」「27歳には、営業表彰される」という「目標達成シナリオ」を考えました。

このように、「目標」さえ定まれば、あとは、「何をやるべきか」という「戦略」と、「具体的にどのようにするのか」という「戦術」を考え抜き、実行するだけでよくなります。

結果、私は、32歳で起業独立するまでは計画通りに達成することができました。一方、その後の挫折は前述した通りです。

私の大失敗の背景には、自分の「ミッション」「パッション」に沿った生き方を選択しなかったことと、「目標達成シナリオ」を定期的に見直さなくなっていたことがありました。

では、「目標達成シナリオシート」（191ページ）を使って、あなたの「目標」と「目標達成シナリオ」を記入してみましょう。

「目標」については、「長期」「中期」「短期」それぞれ「重要度」の高い順に5つ以内で記入してください。

「長期目標達成シナリオ」については、「パッション」「ミッション」をベースにイメージを膨らませてみてください。「中期目標達成シナリオ」については、「ビジョン（7年後のイメージ）」から逆算してイメージを言語化してください。「短期目標達成シナリオ」については、会社から与えられている「目標」から逆算して考えると良いでしょう。

「目標」の数を5つ以内に絞る理由は、**「時間」「エネルギー」「お金」といった資源を集中させたほうが達成確率は高まり、大きな成果が上げやすいからです。**

また、絶対に達成すべき「仕事の目標」である**「短期目標達成シナリオ」については特に、「目標」を自ら高く設定し、達成期日も前倒しして計画・実行することを心掛けてください。**

ただし、この段階でもまだ「どのようにその目標を達成するのか」を考える必要はありません。人間がイメージできることは必ず実現できるものです。まずは「目標達成シナリオ」のイメージを膨らませて、言語化することだけに集中してみてください。

目標達成シナリオシート

長期目標達成シナリオ

★長期目標（パッションを反映）		40代	50代	60代	70代
NO.1					
NO.2					
NO.3					
NO.4					
NO.5					

★長期目標（ミッションを反映）		40代	50代	60代	70代
1					
2					
3					

中期目標達成シナリオ

中期目標	１年後	２年後	３年後	４年後	５年後	６年後	★ ７年後
Our Vision							
My Vision							

短期目標達成シナリオ

短期目標		半月後	１ヶ月後	２ヶ月後	３ヶ月後	４ヶ月後	５ヶ月後	５ヶ月半後	６ヶ月後
1									
2									
3									

※このシートはダウンロードができます。詳しくは230ページをご覧ください。

★は目標コンパスシート（51ページ）と同じものを入れる。

ステップ③

8つの「戦略」を描く

「目標」を達成しているイメージが具体化したら、次は「戦略」を具体化していきます。「戦略」と言うと難しそうですが、実は、私たちは「戦略」を描くことが苦手なわけではありません。「何をやるべきか」という「戦略」については、あなたも頭の中でなんとなく描けていることが多いはずです。

「戦略」と「戦術」を考える際には、「拡散的思考」をフルで働かせた上で、「収束的思考」で絞っていくプロセスが必要です。

「拡散的思考」は情報を元にさまざまな方向に考えを巡らせ、まだ存在しない新しいアイデアを生み出す思考方法です。一方、「収束的思考」は、すでにある情報を元に、1つの正しい答えへ辿り着く思考方法です。

「拡散的思考」によって、数多くの「戦略」と「戦術」のアイデアを膨らませた上で、「収束的思考」によって、効率的かつ効果的な「戦略」と「戦術」だけに絞っていきます。

これらの思考をフル回転させるためのサポートツールとして、「目標達成マンダラシート」をご用意しました。

このシートは、私が認定パートナーでもある「原田メソッド」の「オープンウィンドウ64」をヒントに作成しました。原田メソッドは、『一流の達成力』（フォレスト出版）等の著者である原田隆史先生が開発した目標達成メソッドです。

当時、大阪の公立中学の陸上部を指導していた原田先生は、このメソッドを使って、7年間でその陸上部を13回も日本一に導きました。**北海道日本ハムファイターズで活躍した大谷投手が高校1年生のときから実践したメソッド**としても有名で、今ではファイターズの二軍の若手選手も学んでいるそうです。

では、「目標達成マンダラシート」の記入方法を説明します。

まず、マンダラの中央のボックスには、あなたが1年（もしくは半年）以内に最も達成したい「目標」を記入してください。そして、その周りを囲む8つのボックスに「戦略」を記入してください。

「戦略」は、資源配分の方針です。効果的かつ効果的に「目標」を達成するための方針とも言えます。あなたの資源は「お金」と「時間」の2つです。**あなたの「お金」**

と「時間」を何に「投資」するのかを描いてください。

また、8つ中3つの「戦略」には、「心を磨く」「技を磨く」「体を磨く」の3つを書いてください。

『7つの習慣』の第7の習慣に「刃を研ぐ」という原理原則がありますが、まさにそれに該当するものです。

どんなに素晴らしい「戦略」「戦術」を描いても、「心技体」が伴わなければ、実行と継続は不可能です。**「心技体」を磨くことは、すべての「戦略」の大前提にあるものだと理解してください**（71ページ参照）。

顧客数増	客取引単価増	購入頻度増
部下の育成	営業チーム目標 半期○○○万円 の達成	業務効率向上
心を磨く	技を磨く	体を磨く

ステップ④
64の「戦術」を描き、10に絞る

次に、８つの「戦略」それぞれの周りのボックスに、「戦術」を８つずつ描きます。つまり、８×８の合計64個の「戦術」が描かれることになります。

「戦術」とは、資源活用の方法です。効率的かつ効果的に「戦略」を遂行するための具体的な手段・手法とも言えます。

私の経験上、「何をやるべきか（What to do)」という「戦略」については理解し、イメージできている人は多いのですが、「それを具体的にどのようにやるのか（How to do)」という「戦術」を具体的な「行動」レベルに落とし込むことができている人は少ないです。

具体的な「戦術」を描けていない状態で、結果を出すことはできません。なぜなら、人間は、具体的にイメージできていることしか実現できないからです。

そこで、ここでは、「戦術」を具体的に描く方法を解説していきます。

「戦術」を立てる際の大切なポイントは、5W2Hで具体的に描くことです。

「どうやったらできるようになるか」という問いを自問自答し、「When（いつ・いつまでに）」「Where（どこで）」「Who（誰が）」「What（何を）」「How（どのように）」「How much・many（どれくらい）」やるのかを具体的に描きましょう。

また、そもそも「Why（なぜ）」それをやるのかを見失わないようにしてください。「目的」のない「戦術」を遂行するほど、ムダな時間はありません。

私たちの周りは、「やったほうが良いこと」で溢れています。このまますべてをやろうとすると、あなたの「お金」と「時間」という資源が分散投資されることになり、多大なエネルギー消費の割に、大きなリターンを生み出すことはできません。**資源の投資先を絞ることで、最も重要な場面で最も大きな成果を上げられる状態をつくることが大切です。**

そこで、64個の「戦術」の中から、**より重要な16個の「戦術」に絞るプロセスが必要です。**

投資対効果の大きい「戦術」から順に選んでいきましょう。この段階では、あなたが信頼する上司や先輩からの客観的な意見にも耳を傾けてみてください。

また、「戦術」を選択する際には、最悪シナリオを想定することが重要です。「戦略」「戦術」を大きく描くときは、うまくいくことだけを考え、楽観的に最高シナリオを描けばいいのですが、「戦術」を絞るときには逆の視点も必要です。

想定通りに遂行できなかった場合のリカバリー策まで描いた上での「戦術」、もしくは遂行できる可能性の高い「戦術」を選択するようにしましょう。

外部環境に左右されず、あなたが頑張りさえすれば、必ず実行できる「戦術」を選択することが大切です。

では、「目標達成マンダラシート」の64個の「戦術」の中から選んだ16個の「戦術」を赤色のペンで囲ってください。

さらに、この**16個の「戦術」の中から、直近3ヶ月以内に完遂させる「戦術」を10個以内に絞ってください**。そして、それを完遂期日とともに、１９８ページの表に記入しましょう。その際、できる限り、「戦術」の進捗度を測定できるように数値化します。

その期間は、そこに記入した「戦術」以外のことは忘れてしまって構いません。その代わり、記入した「戦術」だけに集中し、必ず完遂させましょう。

目標達成マンダラシート

	顧客数増			客取引単価増			購入頻度増	
			顧客数増	客取引単価増	購入頻度増			
	部下の育成		部下の育成	営業チーム目標 半期〇〇〇万円 の達成	業務効率向上		業務効率向上	
			心を磨く	技を磨く	体を磨く			
	心を磨く			技を磨く			体を磨く	

直近３ヶ月以内に完遂すべき重要戦術 TOP10			
重要度		期日	結果
1			
2			
3			
4			
5			
6			
7			
8			
9			
10			

※このシートはダウンロードができます。詳しくは230ページをご覧ください。

ステップ⑤
周囲に公言する

ここまで記入してきた３つのワークシート「目標達成コンパスシート」「目標達成シナリオシート」「目標達成マンダラシート」の内容を、毎朝毎晩、読み返す「習慣」を心掛けましょう。潜在意識にまで刷り込むつもりで、読み込んでください。

その上で、あなたの「目標」を周囲に公言してください。

家族でも親友でも上司でも構いません。あなたが信頼できる人すべてに、あなたの「目標」を共有してください。家族や友人には、プライベートな目標を公言し、上司や同僚、ビジネスパートナーやクライアントには、ビジネスの「目標」を公言すると良いでしょう。

あなたが達成困難だと感じている目標を、想定以上に短期間で達成させるノウハウを持っている人やサポートしてくれる人が見つかるかもしれません。

ただし、あなたの夢や目標を否定してくる「ドリームキラー」と呼ばれる人が現れるリスクもあります。例えば、「そんなのムリだよ！」とか「失敗するかもしれないよ」

と言ってくるかもしれません。しかし「ドリームキラー」の多くは、悪気はありません。いただいた意見に感謝の気持ちだけを示して、自分の「目標」に邁進しましょう。自分の「目標」を周囲に公言することで、あなたは「目標」達成に対して、よりコミットするようになるはずです。

また、これまでの**自分では達成が困難だと感じるくらいの「目標」にすることが大切です。**それが、あなたの潜在能力を最大限引き出すことに繋がるのです。

「目標達成マンダラシート」の記入例にあるように、私にとって最も重要な「目標」は、「1年間で、会社の営業利益を3倍にすること」としました。

「本当にやるべきことは何なのか」(戦略)と「どうやったらできるようになるか」(戦術)を考え抜き、最初の一歩さえ踏み出すことができれば、切り拓けない道などありません。

活躍されている芸人さんには、貧乏な家庭で育った人が多いと言われていますが、ダウンタウンの松本さんは、次のような主旨のコメントをしていたことがあります。

「貧乏だと、ゲームとか、おもろいもんが周りにないから、おもろいことっていったら、笑いしかやることがあらへん。だから貧乏だったことが、自然におもろいことを考えたりするのに役立ってるんちゃうかな」

私も40歳を目前に全財産を失ったからこそ、「本当にやるべきこと」が明確になり、「どうやったらできるか」を考え抜くことができ、１つの答えが見つけられたのかもしれません。

渇望こそが、ブレイクスルーを生み出すのです。今、「お金がない」「時間がない」と思っているのであれば、それを嘆いている時間ほどムダな「時間の使い方」はありません。

あなたは今、一番答えを見つけやすい場所に立っているとも言えるのです。

ステップ⑥

PDSAサイクルを最速で回す

最後のルールとして、PDSAサイクル（Plan 計画－Do 実行－Study 研究－Act 改善）を最速で回すことを挙げたいと思います。

もともと、日本では、Plan（計画）→Do（実行）→Check（評価）→Act（改善）の4ステップを繰り返すことによって、継続的な業務改善を行っていく「PDCAサイクル（Plan-Do-Check-Act cycle）」のほうが一般的に知られています。

PDCAサイクルは、生産管理や品質管理などの管理業務を円滑に進める手法として、第二次世界大戦後、エドワーズ・デミング博士らによって提唱されました。

多くの日本の製造業で採用された影響で、PDCAは一般的になりましたが、実は、デミング博士は後に、入念な評価を行う必要性を強調して「Check（評価）」を「Study（研究）」に置き換え、「PDSAサイクル」と称したのです。

そこで、本書ではPDSAを採用しています。

ＰＤＳＡを本書の言葉に置き換えると、次のように定義できます。

Plan（計画）：「目的」のある「目標」を掲げ、「戦略」「戦術」を描くこと
Do（実行）：「戦略」「戦術」に沿って、「行動」すること
Study（研究）：「行動」の結果とその要因を分析すること
Act（改善）：「戦略」「戦術」を見直して、再び「行動」すること

では、ＰＤＳＡの各ステップでの重要なポイントを確認していきましょう。

まず、**「Plan（計画）」で重要なポイントは、「大きく計画する」ことです。**

これについては、「目標達成シナリオシート」（191ページ参照）「目標達成マンダラシート」（198ページ参照）とを活用して、とにかく大きな「目標」を掲げ、大きく「戦略」「戦術」を描きます。


次に、**「Do（実行）」で重要なポイントは、「早く小さく始める」ことです。**

どれだけ計画が素晴らしくても、それが実行されなければ意味がありません。また、計画通りに事が進むかどうかは、実行しない限り誰にも分からないことです。そこで、

計画を立てたら、「早く小さく始める」ことが大切です。

コンサルタント時代に、クライアントの営業工数分析に関わったことがあります。これは、ハイパフォーマー（高業績者）とローパフォーマー（低業績者）の「時間の使い方」の違いを分析する試みだったのですが、この「早く小さく始める」という実行スタイルは、ハイパフォーマーに共通して見られるものでした。

また、**ローパフォーマーほど、月末や期末に急激に仕事量を増やす傾向があり、ハイパフォーマーは常に一定のペースでPDSAし続けている傾向にありました。**

「Study（研究）」で重要なポイントは、成功体験・失敗体験の両方から学ぶことです。

デミング博士は、「評価」よりさらに深く「研究」することが必要だと考え、「Check（評価）」ではなく、「Study（研究）」に置き換えました。失敗した場合は「なぜ失敗したのか」を研究し、同じ失敗を繰り返さないようにすることが重要です。また、成功した場合は「なぜ成功したのか」を研究し、同じ成功を再現し続けるために必要なことを明確にしておきます。その上で、最後の「Act（改善）」に進みます。

「Act（改善）」の重要なポイントは、目的意識を持って、「行動」を「習慣化」させて

いくことです。

「Do（実行）」の段階では「まずやってみる」というレベルでも構わないのですが、「Act（改善）」の段階ではただ実行するだけでなく、目的意識を持ち、それを「習慣化」させていく意識を持つことが大切です。

プロ野球の世界でも、目的意識と「習慣化」の重要性がよく取り上げられます。昔話になってしまいますが、ここは小学生時代の私のヒーロー 掛布雅之さんを例に挙げたいと思います。

現役時代の掛布さんは、徹底した素振り練習によって、阪神タイガースの４番、そしてミスタータイガースと呼ばれるまでの打者に上り詰めたことで有名です。かつて、インタビューでもこのようにコメントしています。

「バッティングマシーンは同じリズムで投げてくるから、同じように打とうとする。ところがピッチャーは微妙にバッターのタイミングを狂わせながら、カーブやスライダー、あるいはフォークボールやカットボールを投げてくる。そういうボールを自分が主導権を握って打ちたいのであれば、どんなボールにでも対応できるスイングを身につけなければならない。それはマシーンではできないんです。素振りじゃなきゃ身につけられない」

現役当時、掛布さんは、毎日500スイングの素振りを欠かすことはなかったそうです。ただ、その回数については、他のプロ野球選手と比べて特段多かったわけではありません。掛布さんと他の選手との違いは、その「意識」にありました。

掛布さんは、素振りを行う際、「投手は誰で、どんな球種で、スピードはどれくらいか」を1回1回意識しながら、素振りを繰り返したそうです。

結果を出そうとするあまり、ただ一生懸命「Do（実行）」することだけを考えてしまうことがありますが、それだけが重要な要素ではありません。「量」をこなすことはもちろん大切ですが、それ以上に**1回1回の「質」を高めることが、時間の投資という観点では大切です。**

1つ1つ丁寧に意識と集中力を高めて、「Do（実行）」することで、「Study（研究）」と「Act（改善）」がしやすくなり、「習慣化」もしやすくなるのです。

日本の武道や茶道の世界には、「守破離」という言葉があります。

「守」：既存の型を「守」り、修練する
「破」：既存の型を「破」り、改良・改善を加える
「離」：既存の型から「離」れ、独自の新しいメソッドを開発する

「Act（改善）」は、まさに「守破離」の「離」を行うことです。

「Do（実行）」と「Study（研究）」を繰り返し、自分に合った方法を見つけ、それを「習慣化」させていきましょう。

尚、これらのＰＤＳＡサイクルを３ヶ月間、自分史上最速で回し続けても結果が出ないときには、「Plan（計画）」自体を見直し、改善することも考えてください。

逆に言えば、ＰＤＳＡサイクルの各ステップの重要なポイントを押さえた上で、ＰＤＳＡサイクルを高速回転させることができれば、たった３ヶ月でも必ず結果が出せることをお約束します。

第6章

「信頼性」を磨くことこそが究極の時間術

私が提供している営業プロフェッショナルプログラム（目標達成研修）の中では、仕事ができる人が持つ目標達成力を3つの要素に分解し、次のように公式化しています。

目標達成力＝「継続性」×「戦略性」×「信頼性」

さらに、この目標達成の3要素それぞれを2つずつの要素に分解し、次のように公式化しています。

「継続性」＝「情熱」×「使命感」
「戦略性」＝「計画力」×「実行力」
「信頼性」＝「人格」×「能力」

実は本書では、第1章で「継続性」を高める方法を、第2章～第5章で「戦略性」を高める方法を解説してきました。

しかし、この3要素の中で仕事の結果に及ぼす影響度が一番高いのは、「信頼性」

です。つまり**「信頼性」を磨くことこそが、究極の『仕事ができる人の最高の時間術』と言えます。**

『7つの習慣』の著者であるコヴィー博士の長男、スティーブン・M・R・コヴィー氏の著書『スピード・オブ・トラスト』（キングベアー出版）には、『「信頼」がスピードを上げ、コストを下げ、組織の影響力を最大化する』というサブタイトルがつけられています。

実際、あなたが、顧客やビジネスパートナーや上司や同僚や部下などから「信頼性」の高い人だという評価を獲得することができれば、社内外の協力を得やすくなり、「ROT（仕事生産性）」は飛躍的に高められることでしょう。

私は営業マン時代にクライアントから、私が所属する部署だけでは解決できない課題について相談を受けたことが何度かありました。そんなときは、課題を社内に持ち帰り、他部署の責任者に相談していましたが、断られたり、非協力的な対応をされたりすることは一度もありませんでした。

一方、同じような顧客課題を別の営業担当が持ち帰って相談しても、前向きな対応をしてもらえないことも数々目にしてきました。

なぜこのような違いが起こるかというと、私の場合、「あいつなら大きな商談にして受注してきてくれる」「あいつなら何かあっても責任を擦りつけたりしない」という営業担当としての「信頼性」があったからに他なりません。

『スピード・オブ・トラスト』では、その「信頼性」を高めるために必要な要素として「信頼性の4つの核」という概念を紹介しています。「信頼性の4つの核」とは、「自分を信頼し、他者に信頼される人間になるための基本要素」です。


第1の核……「誠実さ」

第2の核……「意図」

第3の核……「力量」

第4の核……「結果」


「誠実さ」と「意図」が「人格」に関わる要素で、「力量」と「結果」が「能力」に関わる要素と言えます。

それではそれぞれの「核」を説明します。

第1の核の**「誠実さ」は、「言行一致」**という意味です。

「誠実」という漢字は、「言偏《ごんべん》」に「成す」「実らせる」と書くように、「言ったことを成す人、実現する人＝言行一致」というのが本来の意味です。逆に「言行不一致」だと、「不誠実」な人という評価を受け、「信頼性」を獲得することができません。

ここ数年で多くの政治家や芸能人が自らの「信頼」を失墜させましたが、それらはすべて「言行不一致」な言動が問題視されたためだったように思います。「信頼性」の高い人には、この「誠実さ」が土台にあります。

私自身は、人に対して「お世辞を言う」ことや「媚びを売る」ことは一切しません。また、本書でも、自分自身が実践していないことは一切書いていません。

例えば、「朝5時に早起きして仕事をする」などは、やったほうが良いことではありますが、自分にはできないことなので、「言行不一致」になるため書いていません（苦笑）。まず、自分自身に対して誠実でなければ、人から「信頼性」を認めてもらうことなどできないと考えています。

第2の核の**「意図」は、「Win-Winの意図（健全な動機）」**のことだと私は解釈しています。

「Win-Win」とは、「相手をWinさせて、自分もWinする」という考え方で、まずは相手のことを理解し、尊重する姿勢が大切です。「相手の実現したいことや解決したいことが何なのか」を常に把握しようとする姿勢を持ち、自分が何を与えられるかを考えることができれば、あなたの「信頼性」は高まるでしょう。

「もらえるから与える」という「Give & Take」とは違って、「相手に先に与える」ことを考えるところがポイントです。

第3の核の**「力量」には、「才能、知識、スキル、資格」**などが含まれます。当然ながら、これらは「希少性」の高いもののほうが「信頼性」も高まります。

ただし、1つの「力量」だけで希少性を高めることは難易度も高いので、私は「掛け算」で希少性を高めることを戦略的に行ってきました。

私は、フランクリン・コヴィー・ジャパン社の認定コンサルタント（講師）ですが、この資格のある人は、日本に十数名しかいません。他にも、米国パッションテスト認定ファシリテーター、原田メソッド認定パートナーなどの講師資格や脳科学・心理学の資格を複数保有しており、これらを「掛け算」すれば、自ずと私は日本でオンリーワンの存在になります。

ナンバーワンになる難易度は非常に高いですが、オンリーワンとしての「希少性」であれば、誰にでも実現可能です。

あなたがどの「掛け算」でオンリーワンの存在を獲得したいのか、改めてその「戦略」「戦術」を見直してみてください。

第4の核の**「結果」とは、あなたの「実績」**そのもののことです。

この「実績」については、できる限り「数値化する」ことをおススメします。

私の場合は、営業のプロフェッショナルであることを端的に伝える必要がありましたので、これまでは「リクルートグループで会社記録となる7半期連続営業表彰記録を樹立したこと」などを伝えてきました。

また、あなたの「実績」をどのように伝えるかという「マーケティング戦術」についても同時に考えておく必要があります。あなたがどれだけ素晴らしい「結果」を出してきた人であっても、それが周囲に伝わらなければ、「信頼性」を高める上では意味がないからです。

クライアントや上司が変わったときは特に、「力量」と「結果」を意識して伝える必要があります。私の場合、名刺の裏面に、「力量」と「結果」が分かる自己紹介を掲載しています。

また、「人格」あってこその「能力」であることも、つけ加えておきます。**「能力」がいかに高くても、「人格」レベルがゼロであれば、「信頼性」もゼロです。**

最後に改めて、「信頼性」を高めるために必要なことを公式化しておきます。

「信頼」＝「人格」×「能力」（「人格」＞「能力」）
「人格」＝「誠実さ」×「意図」
「能力」＝「力量」×「結果」

このように書くと、簡単そうに思うかもしれませんが、一朝一夕に高めることができないところが「信頼性」の難しいところです。信頼を失うことは一瞬でできるにもかかわらず、構築することには相当な時間の「投資」が必要になります。「心技体」を磨き続けることを「習慣化」する以外に、その近道はないと私は信じています。

コラム　信頼される「質問力」

私は、これまで、コンサルタントとして、数多くのトップセールスとお会いする機会に恵まれました。その過程の中で分かったことがあります。

それは、ハイパフォーマーとローパフォーマーの違いは、「提案力」ではなく「質問力」にあるということです。

営業に限らず、「仕事ができる」と言われる人は皆、「質問力」を武器にしています。「仕事ができる」というのは、「良質なアウトプットができる」ことと意味合いは同じです。「良質なアウトプット」というのは、「上司や顧客から依頼された仕事に対して、その期待を超えるアウトプットを行うこと」です。そして、この「良質なアウトプットができる」ためには、「良質なインプットができる」ことが前提条件になります。

「質問力」が低く、上司や顧客のことを深く正しく理解できてない状態では、「良質なアウトプット」は難しく、「仕事ができる人」だという評価も得られません。

そこで、ここでは、上司や顧客から仕事に関する相談や依頼をされたときに発揮すべき「質問力」のポイントをお話しします。

まず、「質問力」は、「傾聴力」があってこそのスキルだということを理解する必要があります。

「傾聴力」とは、「こちらの聞きたいこと」を「聞く（Hear）」のではなく、「相手の言いたいこと、伝えたいこと、願っていること」を「聴く（Listen）」力のことです。**会話においては、自分が20％、相手が80％の割合で話すことが大切です。**そうすることで、会話の主役として相手を引き立てつつ、自分が主導権を握って会話を進めることができます。

「傾聴力」があれば、相手が自分自身の考えを整理し、納得のいく結論や判断に到達するよう導くことができ、結果的に信頼を獲得しやすくなります。

この「傾聴力」については、カウンセリングの父と呼ばれる米国の心理学者カール・ロジャース博士が提唱した「クライアント中心療法」の「アクティブ・リスニング（積極的傾聴）」の方法が大いに参考になります。

彼は、クライアントの悩みごとに対して、カウンセラーがクライアントに指示して解決に向かわせる「カウンセラー中心療法」から、クライアントの話を「アクティブ・リスニング（積極的傾聴）」することで解決に向かわせる「クライアント中心療法」にカウンセリングの中心をシフトさせました。

この背景には、「世の中の悩みごとの60％は、話を聴いてあげるだけで解決する」という研究結果がありました。

【アクティブ・リスニング（積極的傾聴）】

① 繰り返す
② まとめる
③ 気持ちをくむ

「質問力」を発揮する上で必要不可欠なのが「事前準備」です。

事前に相手のことを調べ、質問や仮説を持っておくことは、時間をいただいている以上、最低限の礼儀とも言えます。また、「事前準備」をしたほうが、効率良く効果的な質問ができることは言うまでもありません。

最後に、私がコンサルタントとして活用している2つの効果的な質問を紹介します。私自身、この2つの「質問力」だけで、トップコンサルタントの地位を獲得したと言っても過言ではありません。

【効果的な2つの質問】

①相手の「目的」を明確にする質問

「そもそもこの目的は?」

「このことによって、どのようなことを解決したいのですか?」

「このことによって、どのようなことを実現したいのですか?」

②相手の「動機」を明確にする質問

「どうしてそれを始めようと思ったんですか?」

「なぜそう思ったんですか?」

「どうしてそんなにそれが好きなのですか?」

また、「事実」と「感情」を分けて確認することの重要性も改めてつけ加えておきます。「事実」については、客観的事実を押さえ、相手がその「事実」をどう捉えているかという「感情」とは切り離して理解するように心掛けましょう。

おわりに

ここまで読んでいただき、ありがとうございました。

最後に、本書の内容をそのまま実践したことによって起こった、私の奇跡を紹介して終わりたいと思います。

２０１６年12月14日、私は、横浜商科大学の尾野裕美先生が担当する『人的資源管理論』の中で、特別講義をする機会をいただきました。特別講義のタイトルは、『しくじり先生〜使命を蔑ろにして、厄年にほぼすべてを失っちゃった先生〜』。

……私は39歳のときに、全財産を失うという人生最大のしくじりをしました。

当時、個人事業主としては早々に成功していた私は、なんとなく現状に満足し、「目標」を見失い本業を疎かにし始めていました。

自分のビジネスと並行して、数年前に脳梗塞で倒れた父から急遽引き継いだ会社も経営していましたが、その会社は業績不振にあえぎ、リストラを開始。途中からは、自分の給料もカットするようになりました。

そこで私は自分の給料を補填するために、もともと自信のあったネットトレードにさらにのめりこむようになりました。まさに、時間の大半を「消費」する毎日でした。

そんな中、取引先の倒産、投資詐欺、社員の裏切りなどが立て続けに起こり、半年間で約1億円のキャッシュを失うことに。それが当時の私の全財産でした。

自分の給料をカットし、愛車を売却してまで社員の給料を支払っていたので、社員の裏切り行為には特に心を痛めました。また、その間、身内やお世話になった上司の死なども重なり、心身ともにボロボロになりました。

当時、私には2歳の息子がいました。

私は、1日500円で過ごさなければならない生活に転落し、毎朝、牛丼チェーン店の朝定食でお腹を満たしていました。その定食についている味つけのりだけは食べずに残して、味つけのりが好きな息子のためにこっそり持って帰るような惨めな日々を送りました。

ただ、ある日、ふと妻が、私を責めるでもなく、このように言ってくれました。

「正直、投資で一喜一憂していたパパはカッコ悪かったよ」

バカなことに時間を「消費」していた自分、自分のやりたくないことで失敗し、窮地に陥った自分、そして、たった1回の大失敗でくじけそうになっている自分を恥ずかしく思いました。そして心を新たにした私は、「ミッション・ステートメント」にこう書き、絶対に再起することを心に誓ったのです。

「私の使命は、家族から最高にカッコ良いパパだと思われることである」

「私の使命は、人は何歳からでも変われる、成長できることを自ら体現することである」

……奇しくも、横浜商科大学での特別講義を終えた夜に、初めて『パッションテスト』を体験する機会に恵まれました。そのときに描いた5つのパッションは、本書で紹介した通りです。

そして、たった1年でそのほとんどを実現することができました。あの日から1年足らずで、自分の本が書店に並ぶことになるなんて、私ですら信じがたい気持ちになります。

私が本書を仕上げるために「投資」した時間は、約3ヶ月間（約200時間）です。この3ヶ月間、私は、2つの新規事業も立ち上げています。

また、プライベートでは、長年の夢だった「M－1グランプリ」の予選への出場も果たし、プロの芸人さんと同じ舞台で漫才をさせていただく贅沢な経験を味わいました。

さらに、実家の両親やタイに住む妹と一緒に、9日間のハワイ旅行に出掛け、久しぶりに家族全員での旅行を満喫することもできました。

これらを実現できたのもすべて、本書にある時間術のおかげです。

ここ数年のさまざまなピンチがあったからこそ、私は本書を書くチャンスと権利を得たのだと思います。もし、あなたが今、3年前の私と同じ境遇にあるのであれば、本書があなたの勇気になることを心から願います。

尚、本書のメソッドは、『7つの習慣』『パッションテスト』『原田メソッド』の3つがベースになっています。

私は、それぞれの認定資格を持っていますので、これらを体系化して、1冊の本にすることができるのは、世界で私だけだと自負しています。ただ、それぞれが素晴らしいメソッドなので、ぜひ個別にも深く学習されることをおススメします。

最後に、この本があなたの元に届けられるまでに関わってくださったすべての方に感謝申し上げます。

まず、日本に数多く存在する営業コンサルタントのひとりでしかなかった私に可能性を見出し、本書の企画・編集を担当してくださった明日香出版社の久松圭祐さんに心から感謝いたします。

さらに、久松さんとの出会いの機会を提供してくださった出版プロデューサーの吉田浩さんとジャイアン出版塾の皆様にも御礼申し上げます。

尚、本書の校正については、私の大切なビジネスパートナーに「任せる」ことにしました。「社長の右腕代行」の久保田亮一代表、コラボオフィスメンバーでもある「未来型ＴＯＥＩＣアカデミー」の鈴木真理子代表にご協力いただきました。いつも本当にありがとうございます。

また、上場企業の経営者でありながら、いつも気さくに接してくださり、私自身が生き方のお手本とさせていただいている株式会社エスクリの岩本博会長、3年前、失意のどん底にいた私の絶望を希望に変えてくださった情熱経済人交流会パッションリーダーズの代表理事でもある株式会社ネクシィーズグループの近藤太香巳社長にも御礼申し上げます。

そして､リクルートグループに転職した当初､ただの未熟な営業マンだった私に､｢売れる」魔法をかけてくださった当時の上司で、現在はソフトバンクグループ常務執行役員の青野史寛さん、私の退職後も定期的にいつも的確なアドバイスをくださるリクルートワークス研究所副所長の中尾隆一郎さんにも御礼申し上げます。

尚、株式会社マイナビ取締役の山本智美さんには、本書のメソッドのベースになっている社員教育プログラム「営業プロフェッショナルプログラム」を先行導入いただくなど、多大なるご支援をいただきました。本当にありがとうございます。

他にも、私という人間の育成に関わってくださったすべての上司・先輩・お客様に、この場を借りて御礼申し上げます。ありがとうございました。皆様からいただいたものは必ず、これからの社会のために使わせていただきます。

妻と息子には、本当に精神的に支えてもらいました。存在そのものに感謝しています。

執筆期間は少し我慢してもらったものの、遊びたい盛りの息子との時間をしっかりつくることができているのも、本書の時間術によるところが大きいです。

また、それには、安心して「任せる」ことができる妻の存在が大きかったことは言うまでもありません。いつもありがとう。

また、自分が子育てをするようになり、親がどれほど多くの時間を子供に「投資」しているのかに気づくことができました。その愛の偉大さに改めて感謝の気持ちが湧いています。お父さん、お母さん、本当にありがとう。

そして、最後まで貴重な時間を「投資」して、本書を読んでいただいたあなたに、改めて心から感謝申し上げます。ありがとうございました。

私たちの人生において、起きている時間の約3分の2は仕事の時間です。仕事の時間に「投資」しているのか、それとも「消費」されているのか。この2つは、大きな違いを生み出します。仕事の「時間の使い方」を変えることは、あなたの「生き方」そのものを変えることです。あなたの人生がより良い方向に向かうことを心から願い、そして信じています。

一度きりの人生を贅沢に生きるための最高の時間術。

あとは、あなたが、やるかやらないかだけです。

２０１７年12月　田路 カズヤ

田路カズヤからの「お知らせ」

① 田路カズヤ公式ブログ

時間生産性向上コンサルタントが教える
最高の目標達成術

② 読者限定特典

1. 本書に掲載されているすべてのワークシートを無料でダウンロードすることができます。

2. 田路カズヤ主催のセミナー・勉強会に特別価格でご招待します。

（※下記サイトからお申し込みください）

https://www.kazuyatoji.net

■著者略歴
田路　カズヤ（とうじ　かずや）

株式会社プレゼンス 代表取締役社長
時間生産性向上コンサルタント

1974年生まれ。早稲田大学商学部卒業後（株）パソナ入社。マイクロアウトソーシング事業の立ち上げやクレジット業界に特化した人材派遣事業に関わる。

2000年、（株）リクルートマネジメントソリューションズ入社。採用・教育・人事制度設計のソリューション・プランナーとして、3半期連続の営業MVP＆7半期連続の営業表彰を含む11半期連続全指標達成（いずれも現在も会社記録）を果たす。

2004年、モルディブでインド洋スマトラ沖地震による大津波に飲み込まれるも、日本人生還者第1号として無事帰国。この九死に一生の経験を機に起業を固く決意する。

2007年、（株）プレゼンス設立。設立以来6期連続の黒字決算を達成。

2014年、実父が経営していたダイレクトマーケティングの草分け的企業（株）アポロ広告社と経営統合。

人事・営業・目標達成・生産性向上に関するテーマでの講演・研修実績多数。

営業らしからぬソフトな語り口と関西人ならではのユーモアを交えた講義には定評があり、累計受講者数は1万名を超える。

〈資格〉
フランクリン・コヴィー・ジャパン株式会社認定コンサルタント
原田メソッド認定パートナー
米国パッションテスト認定ファシリテーター
ウェルスダイナミクス プラクティショナー
日本メンタルヘルス協会公認心理カウンセラー
米国NLP™協会認定NLPマスタープラクティショナー

本書の内容に関するお問い合わせ
明日香出版社　編集部
☎(03) 5395-7651

仕事《しごと》ができる人《ひと》の最高《さいこう》の時間術《じかんじゅつ》

2017年　12月　18日　初版発行

著　者　田路《とうじ》カズヤ
発行者　石野栄一

明日香出版社
〒112-0005 東京都文京区水道 2-11-5
電話 (03) 5395-7650（代 表）
(03) 5395-7654（FAX）
郵便振替 00150-6-183481
http://www.asuka-g.co.jp

■スタッフ■　編集　小林勝／久松圭祐／古川創一／藤田知子／田中裕也／生内志穂
営業　渡辺久夫／浜田充弘／奥本達哉／平戸基之／野口優／横尾一樹／関山美保子／藤本さやか　財務　早川朋子

印刷　株式会社文昇堂
製本　根本製本株式会社
ISBN 978-4-7569-1940-3 C0036

編集担当　久松圭祐

ISBN978-4-7569-1649-5

「仕事が速い人」と「仕事が遅い人」の習慣

山本 憲明（著）

定価 1400 円＋税　B6 並製　240 ページ

毎日仕事に追われて残業が続き、プライベートが全然充実しない……そんな悩みを抱えているビジネスパーソンのための１冊。

「仕事が速い人」と「遅い人」の差なんてほとんどありません。ほんの少しの習慣を変えるだけで、劇的に速くなるのです。

サラリーマンをしながら、税理士・気象予報士をとった著者が、「仕事を速くできるためのコツと習慣」を50項目でまとめました。著者の経験を元に書かれており、誰でも真似できる実践的な内容です。